WEST BROMWICH ALBION F.C.

– THE 25 YEAR RECORD

1972-73 to 1996-97 Seasons

SEASON BY SEASON WRITE-UPS
Glenn Willmore

CONTENTS

Season-by-season Write-ups − 1972/73 to 1996/97 3-14

Cup Competition Results − 1972/73 to 1996/97 15-17

Season-by-season Line-Ups & Results − 1972/73 to 1996/97 18-67

Final League Tables 68-72

British Library Cataloguing in Publication Data
A catalogue record for this book is available from the British Library
ISBN 1-86223-009-9

Copyright © 1997;   SOCCER BOOKS LIMITED   (01472-696226)
72, St. Peters' Avenue, Cleethorpes, N.E. Lincolnshire, DN35 8HU, England

All rights are reserved. No part of this publication may be reproduced, stored into a retrieval system or transmitted, in any form or by any means, electronic, mechanical, photocopying, recording, or otherwise, without the prior written permission of Soccer Books Limited.

Printed by Redwood Books, Kennet House, Kennet Way, Trowbridge, Wilts.

WEST BROMWICH ALBION
– Seasons 1972-73 to 1996-97

The 1972-3 season was a disaster for the Albion by any standards, as manager, a former player, Don Howe saw his side relegated to the Second Division after an unbroken spell of nearly a quarter of a century in the top flight.

Howe's ultra-defensive policy, coupled with loss of form of top scorer Tony Brown, and the absence through cartilage trouble of Hawthorns hero, Jeff Astle, had turned Albion from one of the First Division's most attractive sides, into a dour, low-scoring outfit which finished bottom of the table, with the club's worst ever record for a League season.

There was no immediate return for the Albion in '73-4. Without the purchase of new players, Albion had to rely on a front pairing of David Shaw and Bobby Gould and although the side was always seemingly in contention for a top three place, they never once actually broke into the top places.

A disastrous 4-0 home defeat to Jack Charlton's rampant Middlesbrough side in April finally put paid to any promotion aspirations, not long after their north-east rivals, Newcastle United, had ended Albion's F.A. Cup hopes with a devastating 3-0 win at The Hawthorns in the fifth round tie. In the League Cup, the side had also plumbed new depths with a first-ever Cup defeat against a Fourth Division outfit, Exeter City winning 3-1 at The Hawthorns.

The 1974-75 saw an improvement of two places in the League ladder, to sixth, but once more, although the side were always spoken off in the same breath as Manchester United, Aston Villa and Norwich, they still never quite managed to take a top three place at any time.

With Scottish international Asa Hartford finally leaving the club, for Maine Road, three years after a heart defect stopped his transfer to Leeds, Howe was forced to bring in perennial understudies Alan Merrick and Lyndon Hughes to "make do" in midfield alongside Alan Glover and the classy but temperamental Len Cantello, but two new names for the future, John Trewick and England captain-to-be, Bryan Robson, appeared on the team sheet this campaign.

Robson, though, was not selected by his future England coach, for it was caretaker manager Brian Whitehouse who selected the young Geordie for the last three games of the season, after Don Howe's contract was not renewed.

For once, the Albion board made a bold appointment, when they signed up Leeds midfield maestro Johnny Giles as player-manager – a position unheard of in the top two divisions in those days – for £50,000. Giles' last games for Leeds had been the European Cup Final in Paris against Bayern Munich, but he missed playing in Albion's first game of the 1975-76 season at Southampton through injury – a terrible 3-0 defeat. After ten games, Albion were at the foot of the Second Division – the lowest position in their history – and the knives were out. Former World Cup star Geoff Hurst was tried out, and rejected, but it was not until the signings of Irish internationals Mick Martin, from Manchester United, and Paddy Mulligan, from Crystal Palace, that Giles' attractive brand of passing football finally began to take shape.

With vital wins at rivals Bristol City and Bolton, Albion gradually began a climb up the table that was to end with them moving into third place – for the only time in their entire three year stay in the lower division – in the last seven days of the season.

That left them needing a win against Oldham at Boundary Park, whatever their only rivals, Bolton, might do at Orient, and it was fitting that a solitary goal from their longest serving player, Tony Brown, should send them up in front of a huge crowd of travelling Baggies supporters.

Giles dropped a bombshell at the end of the season, when he announced that he was going to leave the club halfway through his two year contract, objecting to the lack of power given to him by the board in the financial running of the club. Persuaded by players and fans to see out his contract, Giles lined up for a fairy tale return to the big time in 1976-77 – at Elland Road, Leeds.

Although they were the early season favourites for an immediate return to Division Two, Albion were far from overawed by the top sides, and pulled off a rare victory over Liverpool early on in the League Cup, before falling, surprisingly, at the next hurdle, at home to Brighton.

Albion's main problem – they had only scored fifty goals in 42 games to win promotion – was their lack of firepower, not helped by the board's delay in sanctioning permission for Giles to sign Brian Kidd and Paul Mariner. Albion missed out in both cases, so went for journeyman striker David Cross instead – a signing that helped the side go close to qualifying for a UEFA Cup place.

Several new faces made their mark during the season. Most astonishing was Derek Statham, the Wolverhampton-born left back who stunned Peter Shilton with a marvellous debut goal at Stoke, but other future stars appearing for the first time were goalkeeper Tony Godden and, from Orient, skillful winger Laurie Cunningham, soon to be the first black player selected for an England representative side.

Giles bowed out to take over as owner-player/manager at Shamrock Rovers, and Albion appointed wisely – and cheaply – from within, giving the job to former Fifties playing star, Ronnie Allen, back at the club as chief scout. In fact, it was Allen's last recommendation as scout that so transformed Albion season at the start of the 1977-78 season – Cyrille Regis.

After seeing the 19 year old Guyanian playing for Hayes, Allen had offered to pay his £5,000 transfer fee himself, when the board were reluctant to move – that was one of the best bargains in the club's history.

Regis, who was to replace David Cross, started with two goals in his Albion debut, against Rotherham in the League Cup, then added to that with a stunning individual goal on his League debut against Middlesbrough, and ended the season with 18 goals, most of them of stunning power and skill. By then, however, his former mentor was no longer there to see it, Allen finding an approach by the Saudia Arabian National side too good to refuse in December 1977.

Once again, Albion had been deserted by a manager. This time they looked to the lower Leagues, and selected the up-and-coming Cambridge United boss, Ron Atkinson, who made the most of his big break.

His first home game in charge was a fabulous 3-2 home F.A. Cup replay extra time win over holders Manchester United, and that was followed by similar wins over Derby and the previously unbeaten Nottingham Forest to earn an semi-final spot against Ipswich Town at Highbury.

Albion were firm favourites for Wembley, but poor team selection – Atkinson left out Bryan Robson – poor displays by Regis and Johnston, and an astonishing piece of hubris by Atkinson, who allowed the BBC to film him walking out at Wembley on the morning of the semi-final, saw Ipswich worthy winners. The game is best-remembered by Albion supporters for John Wile's "red badge of courage" – a blood-soaked bandage that the Albion captain wore after a fifth minute clash of heads with Brian Talbot, right until he was practically ordered off the field by his manager in the second half.

Atkinson's attacking tendencies, coupled with the mixture of youth and experience that had blossomed at The Hawthorns over the previous three years, meant that the new manager did not have to rush out into the transfer market, though his one early purchase, right-back Brendan Batson, from Cambridge, was a superb buy.

One defeat in the last nine League games saw Albion qualify for Europe for the first time in ten years, and, for once, their was expectation in the air at The Hawthorns at the start of the '78-79 season, following a much publicised close-season tour which saw Albion as the first professional side to tour China.

The season certainly started with a bang, with a goal at The Hawthorns against Ipswich in the first twenty seconds of the game; goalscorer Ally Brown, rehabilitated under Atkinson after several seasons out in the cold under Howe and Allen, was to end up the season as top scorer with 23 goals, strongly supported by Tony Brown, Regis and Cunningham, who would record 38 goals between them in a marvellous season of thrilling football – Albion's best, and their best finishing position since the great Allen/Barlow/Nicholls side of 1954.

After a couple of surprise early defeats by Derby and Tottenham, and elimination from the League Cup in a three game marathon against Leeds United, Albion put together a superb unbeaten run of nineteen games that saw them on top of the First Division table, and in the quarter-finals of the UEFA Cup.

Their victims during that run included Coventry City (7-1), Wolves (3-0 at Molineux), Arsenal (2-1 at Highbury) and Valencia (including Kempes and Bonhof, 2-0, 3-1 on aggregate), but the game that is still talked about was the fantastic 5-3 win at Old Trafford at the turn of the year. Ron Atkinson – and all of the players who took part – still rate it as the best game they have ever seen and, but for the form of United goalkeeper Bailey, Albion could well have scored ten. It still remains Albion's only win at Old Trafford in the last forty or so years…

Then the ice came. Albion played just one League game in six weeks – unfortunately at rivals Liverpool, where they lost 2-1, and after that, the Merseysiders were unstoppable, going on to win the title with a record 68 points. In many years, Albion's total of 59 points (two points for a win) would have been enough to have won the League, but in this astonishing season, they did not even have the satisfaction of finishing as runners-up, as a last gasp Trevor Francis goal saw Nottingham Forest leapfrog Albion on the last day of the season.

That was a second disappointment, as a similar late goal from Red Star Belgrade gave the Yugoslavs a last minute aggregate win at The Hawthorns in the UEFA Cup and meant that Albion had finished the season with nothing but the appreciation of football fans across Europe.

As if the loss of two key players, Len Cantello to Bolton, and Laurie Cunningham, for a club record sale of £1m to Real Madrid (replaced by two big signings from Manchester City, Gary Owen and Peter Barnes), was not enough, calamity soon struck at the start of the 1979-80 campaign. Cyrille Regis was struck down with cartilage trouble playing in a return game against the China National side, which put him out for four months of the season, and Derek Statham soon followed, a knee injury restricting him to just sixteen games.

Atkinson, dissatisfied with the form of his record-breaking £550,000 signing from Middlesbrough, David Mills, spent out again, buying Under-21 England striker John Deehan from local rivals Aston Villa, but Cunningham could not be adequately replaced, and Albion slumped down into relegation danger by Christmas.

The turning point coincided with Regis' return, and a recovery from two goals down at Crystal Palace to draw 2-2; there was only one defeat in the next seventeen games and, against all the odds, Albion finished in a creditable eleventh place, with England winger Barnes leading the way with nineteen goals.

There was only one significant change in the team the following season; young Remi Moses had joined Owen and Robson in an Albion midfield that had many pundits recommending it as a future England engine room. By now, Tony Brown had moved on to Torquay after breaking every Albion scoring and appearance record in a seventeen year career, but Bryan Robson, at the start of his England career, was doing his best to emulate his former team-mate in his scoring feats from midfield, finishing as second top goalscorer after Regis, as Albion finished in fourth place in the League, with only defeats at Old Trafford and Villa Park, late in the season, preventing Albion wrestling the title from the Villa.

It was another excellent season for Atkinson, and the third time in his three and half years at the club that he had guided them into the UEFA Cup, so it was quite a bombshell when he announced that he was leaving Albion to take over at Manchester United.

Within a couple of months – as soon as Albion had been knocked out of Europe by Grasshoppers Zurich – Bryan Robson and Remi Moses had followed him, along with coaches Mick Brown and Brian Whitehouse.

Back in charge was Ronnie Allen, but this time, with two of the three key midfielders gone, Albion were suddenly bereft of winners on the park. Allen, for the first time, went European to try to fill the gap, signing Dutch stars Martin Jol (poor disciplinary record) and Romeo Zondervan (too lightweight), as well as Steve MacKenzie, Andy King and Clive Whitehead.

After a terrible start, matters improved so much that the side reached their first League Cup semi-final since 1970, before losing by a single goal over the two legs against Tottenham. That Cup run ended just in time for another in the F.A. Cup; once again, the semi-final stage was reached, for a record nineteenth time, before the side went down, once again at Highbury, to Second Division outfit Queen's Park Rangers.

That defeat seemed to knock the stuffing out of the side and an already difficult League position was made even more perilous by ten defeats in eleven games.

Looking doomed, with the senior players usurping the manager's role, and a terrible dressing room atmosphere, the side pulled off a miraculous recovery, winning at Notts County then beating Leeds United 2-0 at The Hawthorns in the final home game, to stop up.

Allen was "kicked upstairs" to the non-existent post of general manager, with the relatively unknown Ron Wylie, youth coach at Coventry, given his first chance, in the first of several backward-looking steps at the club in recent years. A likeable enough man, he was not a success as a manager, although he did make an excellent signing in his only full season when he returned to Highfield Road to buy black centre-forward Garry Thompson, who made a formidable twin striking force with Cyrille Regis.

He was not helped by the tragic early loss to the game of Brendan Batson, who was forced to retire, to become a senior figure in the PFA, after a bad injury at Portman Road. His ageing side suffered some heavy defeats, including two 6-1 beatings at Ipswich and Nottingham Forest, and 5-0 at home to Forest in February 1984, the latter being the signal for Wylie to resign.

It was certainly a popular move for the Albion board to reappoint Johnny Giles as manager, this time as part of the "A Team" which included his former Leeds team-mate, Norman Hunter, and his brother-in-law, Nobby Stiles. After getting over an unfortunate first match home defeat in the F.A. Cup to Third Division Plymouth Argyle, Giles managed to steer the club away from looming relegation by the masterful signings of two midfielders, Tony Grealish and Steve Hunt. So outstanding was Hunt, picked up for a song from Coventry, that he won his first England cap just a dozen or so games after moving to The Hawthorns.

After a fair start to the 1984-85 season, Giles stunned the Albion supporters by selling their favourite son, Cyrille Regis, to Coventry City, bringing back veteran Davis Cross, in an ironic role reversal, to take the former England international's place, alongside Thompson.

By Christmas, Albion were on the edge of the Championship race, but slumped badly following a shock F.A. Cup defeat at Orient, winning just six of their last 22 games to finish in twelfth place, six points clear of relegation.

If that record sounds bad, consider their statistics in the League in 1985-86. Just *four* wins all season – two of those against perennial strugglers Birmingham City – from 42 games; the worst set of results in the club's history. Giles was gone by the end of September, as Albion drew the first game – then lost the next nine! Nobby Stiles took over as caretaker manager, reluctantly accepting the job pro-tem until a permanent manager could be found.

But the damage had been done. Giles had sold Garry Thompson to Sheffield Wednesday without lining up an adequate replacement, trying to play with a "mini-forward line" of Imre Varadi and Garth Crooks – when Crooks was stretchered off on his debut against Oxford, that was the end of Albion's season.

Astonishingly, Albion's wretched side managed some Cup success, beating Port Vale and Coventry in the League Cup, and Brighton and Crystal Palace in the new Full Members Cup, thus managing as many Cup wins all season as they did

League wins...

By February, Stiles, who brought in Welsh international Mickey Thomas, George Reilly and future England international, Carlton Palmer, was ready to hand the reins over to former Villa and Blues manager Ron Saunders, who was appointed by the board specifically to trim the club's massive wage bill in preparation for the inevitable drop into Division Two.

Saunders took the directors at their word, shedding many of the club's former stars, including Tony Godden, Jimmy Nicholl, Ally Robertson, Steve Hunt, Varadi, Owen and Thomas. In the place of the "has-beens" came the "never-weres"; Martin Dickinson, Craig Madden, Kevin Steggles, Stewart Evans and the like – some of the worst players ever seen in the blue and white stripes.

In fact, Saunders did a better job for local rivals Wolves than he did for the Albion, for early in the '86-87 season, when Wolves were at their lowest ebb, on the brink of relegation to the Vauxhall Conference, he sold them, at a bargain price, winger Robbie Dennison, full-back Andy Thompson – and goalscorer supreme Steve Bull, the three players most responsible for their rise back to their current healthy status.

Saunders bought Stewart Evans, from Wimbledon, Bobby Williamson from Glasgow Rangers and Robert Hopkins from Birmingham, but the side continued to decline. They were eliminated at the Third Round of the F.A. Cup by Fourth Division Swansea and only managed to retain their Second Division status in the final week of the season.

Saunders, having done the job asked of him, lasted just two weeks into the 1987-88 season, after his side collected just one point from the first four games, and lost, for the first time ever, to Third Division neighbours Walsall over two legs of the League Cup. In his place returned Ron Atkinson, following his dismissal from Manchester United.

The difference in styles was immediately apparent, with Saunders' dour defensive, percentage style replaced by a cultured passing game. Unfortunately, with no cash to spend, and a very thin squad of players, Atkinson had little room to manoeuvre. His best signing was undoubtedly former Scottish international centre-forward Andy Gray, one a free transfer from Aston Villa, who ended the season as top scorer, but veteran full-back Kenny Swain (on loan) and Brian Talbot, from Stoke, also made vital contributions.

Once again, Albion's safety went to the wire, a 2-2 draw at home with Barnsley meaning that Albion had escaped the drop by a single point.

Atkinson lasted just twelve games of the '88-89 season, before being enticed away by Jesus Gil, eccentric chairman of Athletico Madrid, taking with him his assistant manager, Colin Addison, also in his second spell with the club. Before he left, he astutely signed Arthur Albiston and Chris Whyte, two free transfer defenders who were to form the backbone of a very solid defence.

Pressure from supporters and players alike encouraged the board to appoint captain Brian Talbot as player-manager and the former England international midfielder got off to a great start in management. He took over on October 15th, with Albion in 16th position; the side won the first five games, and lost just once in fourteen, to go top of the Second Division by the turn of the year.

The main reason for the upturn in the club's fortunes, as much as the new manager's influence, was the emergence, at long last, of a consistent goalscorer – Don Goodman, who ended the season with 16 goals, scoring at twice the rate he had been since Saunders signed him from Bradford City in 1987.

It was an injury to Don Goodman – and the other form man, Colin Anderson – in a roughneck F.A. Cup tie with Everton that damaged Albion's promotion campaign, so that the side won only six more games in the new year to finish up ninth.

Talbot had earlier sold Albion's two most saleable assets, full-back David Burrows (to Liverpool) and midfielder Carlton Palmer (to Ron Atkinson's Sheffield Wednesday) and used some of the cash to buy Colin West, Kevin Bartlett, Tony Ford and Paul Raven, but only the latter was a success in the long term.

Talbot abandoned his cultured approach to football at the start of the 1989-90 season, and tried to apply the long ball game. It was not a success, as Albion once more avoided the dreaded drop by just three points, with a 20th place finish.

For once, though, there had been a modicum of Cup success, with wins over Bradford City (6-6, on away goals) and Newcastle United in the League Cup, and over First Division sides Wimbledon and Charlton in the F.A. Cup, before a home defeat by Aston Villa ended their hopes in the Fifth Round.

In 1991 the inevitable happened – after four seasons of near misses, Albion finally took the drop into the Third Division for the first time. Relegation had always looked unlikely, for the side were scoring fairly freely through West and new signing Gary Bannister, although they had a tendency to concede late goals.

The rot really set in on a day set in Albion infamy – January 5th 1991, when they were beaten, at home, 4-2 by non-League Woking in the Third Round of the F.A. Cup. It was Albion's first Cup defeat by a Non-League side since 1913, and resulted in Brian Talbot's immediate dismissal.

It was not until March 3rd that the board announced his replacement, with coach Stuart Pearson acting as caretaker manager. The new man was former player Bobby Gould, who took over to a storm of protest from the fans, who feared a long ball approach.

The side lost six out of the first seven games and sank down the table before staging a recovery that saw them unbeaten in the last none games. Unfortunately, they won just twice in the last eighteen games and, needing to win at Bristol Rovers in the last game, drew 1-1 (against ten men) and were relegated to Division Three.

1991-92 was a traumatic season for the club. They got off to a great start at the lower level, and were leading the table before Christmas. They had to compete in the First Round of the F.A. Cup for the first time since 1905, and, after beating Marlow 6-0, went out to Orient, which signalled the sale, against the will of the manager, of Don Goodman to Sunderland.

Gould snapped up Bristol City's Bob Taylor as an excellent replacement, but it was not enough to save his job, as the team began to fail. The turning point was a 3-2 defeat at home to Swansea City on New Year's Day, when a two goal lead was lost. Thousands of supporters remained behind after the final whistle to stage a protest against the manager and the board, ill-feeling which continued until the end of the season, when, after the Play-offs were missed, Gould was sacked and the Albion chairman, John Silk, resigned.

For 1992-93, the board made an appointment as adventurous as that of Giles in 1975 – they selected Argentinian Ossie Ardiles as their new manager, and his attacking verve revolutionised the club.

His side, boosted by the signings of Steve Lilwall from Kidderminster, Ian

Hamilton (Scunthorpe) and Simon Garner (Blackburn), started with six wins and a draw to take an early lead at the top of the renamed Second Division. That lead was lost to Bolton and Stoke, but the team continued to play some marvellous football, particularly at home, ending the season as the second top scorers in all four divisions, with 114 goals in League and Cups. Of those, Bob Taylor set a new post-War club record with 37 goals, but it was not until Ardiles signed Andy Hunt from Newcastle in April that a Play-off spot was assured.

The side's away form had been slipping until that point, but as Hunt announced his full debut with a hat-trick against Brighton, and ended the season with 11 goals in 12 games, Albion coasted in to fourth spot.

They beat Swansea 3-2 after a thrilling capacity gate 2-0 home win in the Play-off semi-finals and stunned third place Port Vale 3-0 at Wembley, supported by over 42,000 in the 53,471 gate, to win promotion to Division One.

Once more, Albion lost a manager prematurely, as Ardiles was poached away by his first love, Tottenham. Albion appointed his assistant, former Spurs manager Keith Burkinshaw but, after a bright start to 1993-94, the side began to struggle. Memories of Woking were invoked when the club stumbled to their first First Round F.A. Cup exit for ninety years, at non-League Halifax Town, but this time the side managed to win their last game, at Portsmouth, to stop up by the skin of their teeth.

At the start of 1994-95, the club were forced to play six of their first seven games away from home, because of the conversion of The Hawthorns into an all-seater stadium, and that contributed to the side's fall to the bottom of the table, with Burkinshaw paying the ultimate price in mid-October.

Alan Buckley was the new manager and he took the club from relegation certainties to survival three games before the end of the season. The football was a big improvement on Burkinshaw's defensive style, but the new man invited criticism for his insistence on signing so many players from his old club, Grimsby – at one stage, including backroom staff, there were fourteen ex-Mariners on the books!

1995-96 was a strange season. After a great start, with Albion second in the table on October 21st, the side lost a club record twelve League games in a row (plus an F.A. Cup exit at Crewe). The board's response was to extend the manager's contract by another year – a move that was to cost them dear later.

Gradually, Buckley turned his side round, but his master stroke was the signing of Dutch midfielder Richard Sneekes, who scored ten goals in the last thirteen games of the season, to ensure a useful eleventh place finish. There was nearly another Wembley visit as well, as Albion were four minutes from meeting Genoa in the Anglo-Italian Cup Final, until they conceded two late goals at Port Vale.

Albion started '96-7 by winning the pre-season Isle of Man Tournament, but started badly in the League. Their away form was tremendous, as they set a new club record of fourteen away games without defeat, but ten home defeats (including a League Cup exit against Colchester United) meant that the play-offs would always be out of reach – this despite the excellent form of new signing Paul Peschisolido.

Buckley was sacked in January 1997, shortly after an humiliating defeat at Molineux and, soon after, Ray Harford was appointed as his replacement, with John Trewick and Cyrille Regis as coaches. Harford's start was steady rather than spectacular, as he guided the side to safety, making the useful signings of goalkeeper Alan Miller, full-back Andy McDermott and midfielder Graham Potter.

Despite a dispute with the board over available cash, Harford looks set to continue his clear-out of ex-Buckley men and to sign five or six players ready for an assault on the First Division Championship in 1997-98.

WEST BROMWICH ALBION CUP RESULTS 1972-1997

F.A. CUP

1972/73 SEASON
3rd Round
Jan 13 vs Nottingham Forest (h) 1-1
Att: 15,795 Winfield (og)
Replay
Jan 22 vs Nottingham Forest (a) 0-0 (aet.)
Att: 17,069
2nd Replay (at Leicester)
Jan 29 vs Nottingham Forest 3-1
Att: 12,606 Cantello, Hartford, Suggett
4th Round
Feb 3 vs Swindon Town (h) 2-0
Att: 20,795 T. Brown, Cantello
5th Round
Feb 24 vs Leeds United (a) 0-2
Att: 39,229

1973/74 SEASON
3rd Round
Jan 5 vs Notts County (h) 4-0
Att: 13,022 T. Brown 3, Johnston
4th Round
Jan 27 vs Everton (a) 0-0
Att: 53,509
Replay
Jan 30 vs Everton (h) 1-0
Att: 27,635 T. Brown
5th Round
Feb 16 vs Newcastle United (h) 0-3
Att: 40,000

1974/75 SEASON
3rd Round
Jan 4 vs Bolton Wanderers (a) 0-0
Att: 17,305
Replay
Jan 8 vs Bolton Wanderers (h) 4-0
Att: 21,210 Cantello, Wile, Shaw, Mayo
4th Round
Jan 24 vs Carlisle United (a) 2-3
Att: 14,843 Brown (pen), Nisbet

1975/76 SEASON
3rd Round
Jan 3 vs Carlisle United (h) 3-1
Att: 16,478 A. Brown, T. Brown 2 (1 pen)
4th Round
Jan 24 vs Lincoln City (h) 3-2
Att: 26,388 T. Brown, Martin, Robson
5th Round
Feb 14 vs Southampton (h) 1-1
Att: 36,634 T. Brown
Replay
Feb 17 vs Southampton (a) 0-4
Att: 27,614

1976/77 SEASON
3rd Round
Jan 8 vs Manchester City (a) 1-1
Att: 38,195 Johnston
Replay
Jan 11 vs Manchester City (h) 0-1
Att: 27,494

1977/78 SEASON
3rd Round
Jan 7 vs Blackpool (h) 4-1
Att: 21,306 Johnston 2, Regis, T. Brown (pen)
4th Round
Jan 28 vs Manchester United (a) 1-1
Att: 57,056 Johnston
Replay
Feb 1 vs Manchester United (h) 3-2
Att: 38,000 T. Brown, Regis 2
5th Round
Feb 22 vs Derby County (a) 3-2
Att: 32,698 Regis 2, Johnston
6th Round
Mar 11 vs Nottingham Forest (h) 2-0
Att: 38,000 Martin, Regis
Semi-Final (at Highbury)
Apr 8 vs Ipswich Town 1-3
Att: 50,922 T. Brown (pen)

1978/79 SEASON
3rd Round
Jan 9 vs Coventry City (a) 2-2
Att: 38,046 Cunningham, A. Brown
Replay
Jan 15 vs Coventry City (h) 4-0
Att: 36,262 T. Brown 2, Batson, A. Brown
4th Round
Feb 26 vs Leeds United (h) 3-3
Att: 34,000 Cunningham, A. Brown, Regis
Replay
Mar 1 vs Leeds United (a) 2-0 (aet.)
Att: Wile, A. Brown
5th Round
Mar 10 vs Southampton (h) 1-1
Att: 30,172 A. Brown
Replay
Mar 12 vs Southampton (a) 1-2 (aet.)
Att: 25,000 Cunningham

1979/80 SEASON
3rd Round
Jan 5 vs West Ham United (h) 1-1
Att: 20,572 Regis
Replay
Jan 7 vs West Ham United (a) 1-2
Att: 30,689 T. Brown

1980/81 SEASON
3rd Round
Jan 3 vs Grimsby Town (h) 3-0
Att: 22,477 Robson, Cowdrill, Barnes
4th Round
Jan 24 vs Middlesbrough (a) 0-1
Att: 28,285

1981/82 SEASON
3rd Round
Jan 2 vs Blackburn Rovers (h) 3-2
Att: 17,540 MacKenzie, King (pen), Whitehead
4th Round
Jan 23 vs Gillingham (a) 1-0
Att: 16,000 Statham
5th Round
Feb 13 vs Norwich City (h) 1-0
Att: 18,867 Regis
6th Round
Mar 6 vs Coventry City (h) 2-0
Att: 27,825 Regis, Owen
Semi-Final (at Highbury)
Apr 3 vs Queen's Park Rangers 0-1
Att: 45,015

1982/83 SEASON
3rd Round
Jan 8 vs Queen's Park Rangers (h) 3-2
Att: 16,528 Owen 2 (1 pen), Eastoe
4th Round
Jan 29 vs Tottenham Hotspur (a) 1-2
Att: 38,208 Whitehead

1983/84 SEASON
3rd Round
Jan 6 vs Rotherham United (a) 0-0
Att: 8,142
Replay
Jan 11 vs Rotherham United (h) 3-0
Att: 12,107 Thompson, Morley 2
4th Round
Feb 1 vs Scunthorpe United (h) 1-0
Att: 18,235 Luke
5th Round
Feb 18 vs Plymouth Argyle (h) 0-1
Att: 23,795

1984/85 SEASON
3rd Round
Jan 5 vs Orient (h) 1-2
Att: 7,061 N. Cross

1985/86 SEASON
3rd Round
Jan 13 vs Sheffield Wednesday (a) 2-2
Att: 17,042 Reilly, Statham
Replay
Jan 16 vs Sheffield Wednesday (h) 2-3
Att: 11,152 Hunt, Thomas

1986/87 SEASON
3rd Round
Jan 10 vs Swansea City (a) 2-3
Att: 8,792 Anderson, Lewis (og)

1987/88 SEASON
3rd Round
Jan 9 vs Wimbledon (a) 1-4
Att: 7,252 Thorn (og)

1988/89 SEASON
3rd Round
Jan 7 vs Everton (h) 1-1
Att: 31,186 Anderson
Replay
Jan 11 vs Everton (a) 0-1
Att: 31,697

1989/90 SEASON
3rd Round
Jan 6 vs Wimbledon (h) 2-0
Att: 12,986 Robson, Bartlett
4th Round
Jan 27 vs Charlton Athletic (h) 1-0
Att: 18,172 Ford
5th Round
Feb 17 vs Aston Villa (h) 0-2
Att: 26,585

1990/91 SEASON
3rd Round
Jan 5 vs Woking (h) 2-4
Att: 14,516 West, Bradley

1991/92 SEASON
1st Round
Nov 15 vs Marlow (h) 6-0
Att: 11,082 Strodder, Goodman, Shakespeare 2 (1 pen), McNally, Robson

15

2nd Round
Dec 9 vs Leyton Orient (a) 1-2
Att: 6,189 Williams

1992/93 SEASON
1st Round
Nov 14 vs Aylesbury (h) 8-0
Att: 12,337 Donovan 3, McNally, Taylor, Robson, Raven, Hamilton
2nd Round
Dec 6 vs Wycombe Wanderers (a) 2-2
Att: 6,904 Bradley, Taylor
Replay
Dec 15 vs Wycombe Wanderers (h) 1-0
Att: 17,640 Taylor
3rd Round
Jan 2 vs West Ham United (h) 0-2
Att: 25,896 C. Allen, Robson

1993/94 SEASON
1st Round
Nov 14 vs Halifax Town (a) 1-2
Att: 4,250 Hunt

1994/95 SEASON
3rd Round
Jan 7 vs Coventry City (a) 1-1
Att: 16,555 Ashcroft (pen)
Replay
Jan 17 vs Coventry City (h) 1-2
Att: 23,230 Raven

1995/96 SEASON
3rd Round
Jan 6 vs Crewe Alexandra (a) 3-4
Att: 5,750 Hunt, Raven, Coldicott

1996/97 SEASON
3rd Round
Jan 4 vs Chelsea (a) 0-3
Att: 27,446

LEAGUE CUP

1972/73 SEASON
2nd Round
Sep 6 vs Queen's Park Rangers (h) 2-1
Att: 8,282 T. Brown (pen), Evans (og)
3rd Round
Oct 3 vs Liverpool (h) 1-1
Att: 17,765 Hartford
Replay
Oct 10 vs Liverpool (a) 1-2 (aet.)
Att: 26,461 Robertson

1973/74 SEASON
2nd Round
Oct 8 vs Sheffield United (h) 2-1
Att: 10,421 Shaw, Cantello
3rd Round
Oct 31 vs Exeter City (h) 1-3
Att: 10,783 Johnston

1974/75 SEASON
2nd Round
Sep 10 vs Millwall (h) 1-0
Att: 8,294 Cantello
3rd Round
Oct 9 vs Norwich City (h) 1-1
Att: 11,631 Stringer (og)
Replay
Oct 16 vs Norwich City (a) 0-2
Att: 18,235

1975/76 SEASON
2nd Round
Sep 9 vs Fulham (h) 1-1
Att: 10,877 Johnston

Replay
Sep 24 vs Fulham (a) 0-1
Att: 10,785

1976/77 SEASON
2nd Round
Aug 30 vs Liverpool (a) 1-1
Att: 23,378 Giles
Replay
Sep 6 vs Liverpool (h) 1-0
Att: 22,662 Martin
3rd Round
Sep 22 vs Brighton & H.A. (h) 0-2
Att: 18,445

1977/78 SEASON
2nd Round
Aug 31 vs Rotherham United (h) 4-0
Att: 14,000 Spencer (og), Martin, Regis 2 (1 pen)
3rd Round
Oct 25 vs Watford (h) 1-0
Att: 22,140 T. Brown
4th Round
Nov 29 vs Bury (a) 0-1
Att: 13,898

1978/79 SEASON
2nd Round
Aug 29 vs Leeds United (h) 0-0
Att: 25,064
Replay
Sep 6 vs Leeds United (a) 0-0 (aet.)
Att: 29,316
2nd Replay (at Maine Road)
Oct 2 vs Leeds United 0-1
Att: 8,164

1979/80 SEASON
2nd Round (1st leg)
Aug 29 vs Fulham (h) 1-1
Att: 13,611 Robson
2nd Round (2nd leg)
Sep 15 vs Fulham (a) 1-0 (aggregate 2-1)
Att: 11,542 Robson
3rd Round
Sep 26 vs Coventry City (h) 2-1
Att: 18,069 Wile, T. Brown (pen)
4th Round
Oct 31 vs Norwich City (h) 0-0
Att: 25,000
Replay
Nov 7 vs Norwich City (a) 0-3
Att: 19,676

1980/81 SEASON
2nd Round (1st leg)
Aug 26 vs Leicester City (h) 1-0
Att: 13,810 Barnes
2nd Round (2nd leg)
Sep 3 vs Leicester City (a) 1-0 (aggreg. 2-0)
Att: 17,081 Regis
3rd Round
Sep 24 vs Everton (a) 2-1
Att: 23,436 Moses, Robertson
4th Round
Oct 29 vs Preston North End (h) 0-0
Att: 17,579
Replay
Nov 4 vs Preston North End (a) 1-1
Att: 14,420 Brown
2nd Replay
Nov 12 vs Preston North End (h) 2-1
Att: 15,218 Regis 2

5th Round
Dec 3 vs Manchester City (a) 1-2
Att: 35,011 Booth (og)

1981/82 SEASON
2nd Round (1st leg)
Oct 6 vs Shrewsbury Town (a) 3-3
Att: 9,291 Regis, MacKenzie, Cross
2nd Round (2nd leg)
Oct 28 vs Shrewsbury Town (h) 2-1 (agg. 5-4)
Att: 12,598 Owen, Brown
3rd Round
Nov 10 vs West Ham United (a) 2-2
Att: 24,168 Regis, King
Replay
Nov 24 vs West Ham United (h) 1-1 (aet.)
Att: 15,869 Regis
2nd Replay
Dec 1 vs West Ham United (h) 1-0
Att: 24,502 Regis
4th Round
Dec 15 vs Crystal Palace (a) 3-1
Att: 10,311 Monahan, Regis 2
5th Round
Jan 19 vs Aston Villa (a) 1-0
Att: 35,157 Statham
Semi-Final (1st leg)
Feb 3 vs Tottenham Hotspur (h) 0-0
Att: 32,100
Semi-Final (2nd leg)
Feb 10 vs Tottenham H. (a) 0-1 (agg. 0-1)
Att: 47,241 Hazard

1982/83 SEASON
2nd Round (1st leg)
Oct 6 vs Nottingham Forest (a) 1-6
Att: 11,969 Regis
2nd Round (2nd leg)
Oct 27 vs Nottingham Forest (h) 3-1 (aggregate 4-7)
Att: 6,536 Whitehead, Cross, Regis

1983/84 SEASON
2nd Round (1st leg)
Oct 3 vs Millwall (a) 0-3
Att: 10,721
2nd Round (2nd leg)
Oct 25 vs Millwall (h) 5-1 (aggreg. 5-4)
Att: 13,311 Thompson 2, Regis 2, Owen (pen)
3rd Round
Nov 9 vs Chelsea (a) 1-0
Att: 22,932 Thompson
4th Round
Nov 30 vs Aston Villa (h) 1-2
Att: 31,114 Regis

1984/85 SEASON
2nd Round (1st leg)
Sep 25 vs Wigan Athletic (a) 0-0
Att: 6,209
2nd Round (2nd leg)
Oct 10 vs Wigan Athletic (h) 3-1 (agg. 3-1)
Att: 8,133 Hunt, Thompson, Cross
3rd Round
Oct 30 vs Birmingham City (a) 0-0
Att: 17,616
Replay
Nov 7 vs Birmingham City (h) 3-1
Att: 16,717 Thompson, Robertson, D. Cross
4th Round
Nov 20 vs Watford (a) 1-4
Att: 16,378 D. Cross

1985/86 SEASON
2nd Round (1st leg)
Sep 24 vs Port Vale (h) 1-0
Att: 6,268 Armstrong
2nd Round (2nd leg)
Oct 7 vs Port Vale (a) 2-2 (aggregate 3-2)
Att: 7,895 Varadi 2
3rd Round
Oct 29 vs Coventry City (a) 0-0
Att: 9,804
Replay
Nov 6 vs Coventry City (h) 4-3
Att: 8,919 Varadi 2, Crooks, Hunt
4th Round
Nov 19 vs Aston Villa (a) 2-2
Att: 20,204 Crooks, Bennett
Replay
Nov 26 vs Aston Villa (h) 1-2
Att: 19,800 Hunt

1986/87 SEASON
2nd Round (1st leg)
Sep 24 vs Derby County (a) 1-4
Att: 11,304 Bull
2nd Round (2nd leg)
Oct 7 vs Derby County (h) 0-1 (agg. 1-5)
Att: 6,765

1987/88 SEASON
1st Round (1st leg)
Aug 19 vs Walsall (h) 2-3
Att: 2,725 Forbes (og), Bradley
1st Round (2nd leg)
Aug 25 vs Walsall (a) 0-0 (aggregate 2-3)
Att: 8,965

1988/89 SEASON
1st Round (1st leg)
Aug 31 vs Peterborough (h) 0-3
Att: 4,264
1st Round (2nd leg)
Sep 7 vs Peterborough (a) 2-0 (aggreg. 2-3)
Att: 4,216 Gray (pen), Palmer

1989/90 SEASON
2nd Round (1st leg)
Sep 20 vs Bradford City (h) 1-3
Att: 7,771 McNally
2nd Round (2nd leg)
Oct 4 vs Bradford C. (a) 5-3 (aet.) (agg. 6-6)
Att: 5,731 Thomas 3, Talbot, Whyte
West Brom won on away goals
3rd Round
Oct 25 vs Newcastle United (a) 1-0
Att: 22,639 Whyte
4th Round
Nov 22 vs Derby County (a) 0-2
Att: 21,313

1990/91 SEASON
1st Round (1st leg)
Aug 29 vs Bristol City (h) 2-2
Att: 8,721 Bannister, Hackett
1st Round (2nd leg)
Sep 5 vs Bristol City (a) 0-1 (aggreg. 2-3)
Att: 9,851

1991/92 SEASON
1st Round (1st leg)
Aug 20 vs Swindon Town (a) 0-2
Att: 6,611
1st Round (2nd leg)
Aug 28 vs Swindon Town (h) 2-2 (agg. 2-4)
Att: 8,522 Goodman, Shakespeare (pen)

1992/93 SEASON
1st Round (1st leg)
Aug 19 vs Plymouth Argyle (h) 1-0
Att: 8,264 Taylor
1st Round (2nd leg)
Aug 25 vs Plymouth Arg. (a) 0-2 (agg. 1-2)
Att: 7,866

1993/94 SEASON
1st Round (1st leg)
Aug 18 vs Bristol Rovers (a) 4-1
Att: 4,562 Burgess, Hunt, Donovan 2
1st Round (2nd leg)
Aug 25 vs Bristol Rovers (h) 0-0 (agg. 4-1)
Att: 9,123
2nd Round (1st leg)
Sep 22 vs Chelsea (h) 1-1
Att: 14,919 Donovan
2nd Round (2nd leg)
Oct 6 vs Chelsea (a) 1-2 (aggregate 2-3)
Att: 11,959 Taylor

1994/95 SEASON
1st Round (1st leg)
Aug 16 vs Hereford United (a) 0-0
Att: 5,425
1st Round (2nd leg)
Sep 7 vs Hereford Utd. (h) 0-1 (agg. 0-1)
Att: 10,604

1995/96 SEASON
1st Round (1st leg)
Aug 15 vs Northampton Town (h) 1-1
Att: 6,489 Taylor
1st Round (2nd leg)
Aug 22 vs Northampton T. (a) 4-2 (agg. 5-3)
Att: 7,083 Taylor 2, Donovan, Hunt
2nd Round (1st leg)
Sep 20 vs Reading (a) 1-1
Att: 6,948 Burgess
2nd Round (2nd leg)
Oct 3 vs Reading (h) 2-4 (aggregate 3-5)
Att: 8,163 Burgess, Donovan

1996/97 SEASON
1st Round (1st leg)
Aug 20 vs Colchester United (a) 3-2
Att: 3,521 Hunt, Hamilton, Donovan
1st Round (2nd leg)
Sep 3 vs Colchester Utd. (h) 1-3 (agg. 4-5)
Att: 9,809 Groves

UEFA CUP
1978/79 SEASON
1st Round (1st leg)
Sep 13 vs Galatasary (a) 3-1
Att: 50,000 Robson, Regis, Cunningham
1st Round (2nd leg)
Sep 27 vs Galatasary (h) 3-1 (aggreg. 6-2)
Att: 22,380 Robson, Cunningham (pen), Trewick
2nd Round (1st leg)
Oct 18 vs Sporting Braga (a) 2-0
Att: 20,000 Regis 2
2nd Round (2nd leg)
Nov 1 vs Sporting Braga (h) 1-0 (agg. 3-0)
Att: 26,019 A. Brown
3rd Round (1st leg)
Nov 22 vs Valencia (a) 1-1
Att: 50,000 Cunningham
3rd Round (2nd leg)
Dec 6 vs Valencia (h) 2-0 (aggreg. 3-1)
Att: 38,000 T. Brown 2 (1 pen)

Quarter-Final (1st leg)
Mar 7 vs Red Star Belgrade (a) 0-1
Att: 95,000
Quarter-Final (2nd leg)
Mar 21 vs Red Star Belgrade (h) 1-1
(aggregate 1-2)
Att: 31,110 Regis

1979/80 SEASON
1st Round (1st leg)
Sep 19 vs Carl Zeiss Jena (a) 0-2
Att: 16,000
1st Round (2nd leg)
Oct 3 vs Carl Zeiss Jena (h) 1-2 (agg. 1-4)
Att: 19,376 Wile

1981/82 SEASON
1st Round (1st leg)
Sep 16 vs Grasshoppers Zurich (a) 0-1
Att: 8,100
1st Round (2nd leg)
Sep 30 vs Grasshoppers Zurich (h) 1-3
(aggregate 1-4)
Att: 16,745 Robertson

1972-73

#	Month	Date	H/A	Opponent	Result	Score	Scorers	Attendance
1	Aug	12	(h)	West Ham U	D	0-0		21,509
2		16	(h)	Tottenham H	L	0-1		19,344
3		19	(a)	Leeds U	L	0-2		36,555
4		23	(a)	Newcastle U	D	1-1	A. Brown	29,000
5		26	(h)	Sheffield U	L	0-2		15,693
6		30	(h)	Birmingham C	D	2-2	Gould, Suggett	37,252
7	Sep	2	(a)	Everton	L	0-1		36,269
8		9	(h)	Derby Co	W	2-1	Gould, T. Brown	17,279
9		16	(a)	Crystal Palace	W	2-0	Gould, Robertson	17,858
10		23	(h)	Coventry C	W	1-0	Suggett	15,571
11		30	(a)	Manchester C	L	1-2	T. Brown	26,464
12	Oct	7	(h)	Manchester U	D	2-2	A. Brown 2	39,501
13		14	(a)	Chelsea	L	1-3	T. Brown	28,998
14		21	(h)	Wolverhampton W	W	1-0	Gould	30,581
15		28	(a)	Southampton	L	1-2	Hartford	15,810
16	Nov	4	(h)	Newcastle U	L	2-3	Suggett, Gould	14,379
17		11	(a)	Tottenham H	D	1-1	T. Brown	21,875
18		18	(a)	Norwich C	L	0-2		21,874
19		25	(h)	Stoke C	W	2-1	T. Brown 2 (1 pen)	13,316
20	Dec	2	(a)	Leicester C	L	1-3	Gould	15,307
21		9	(h)	Liverpool	D	1-1	T. Brown	32,000
22		16	(a)	Arsenal	L	1-2	T. Brown	27,119
23		23	(h)	Ipswich T	W	2-0	Glover, Hartford	12,059
24		26	(a)	Coventry C	D	0-0		31,498
25	Jan	6	(a)	Sheffield U	L	0-3		16,231
26		27	(a)	Derby Co	L	0-2		28,833
27	Feb	10	(h)	Crystal Palace	L	0-4		14,829
28		17	(a)	West Ham U	L	1-2	T. Brown	26,071
29		28	(h)	Arsenal	W	1-0	T. Brown	23,515
30	Mar	3	(a)	Manchester U	L	1-2	Astle	46,735
31		10	(h)	Chelsea	D	1-1	T. Brown	21,820
32		17	(a)	Ipswich T	L	0-2		17,619
33		20	(a)	Wolverhampton W	L	0-2		33,520
34		24	(a)	Southampton	D	1-1	T. Brown	11,711
35		28	(h)	Leeds U	D	1-1	Shaw	33,057
36		31	(a)	Stoke C	L	0-2		21,296
37	Apr	7	(h)	Leicester C	W	1-0	Astle	14,856
38		11	(h)	Everton	W	4-1	Astle, Hartford, Shaw 2	20,000
39		14	(a)	Liverpool	L	0-1		43,853
40		21	(h)	Norwich C	L	0-1		23,431
41		25	(h)	Manchester C	L	1-2	Astle	21,193
42		28	(a)	Birmingham C	L	2-3	Astle, Wile	36,784

FINAL LEAGUE POSITION: 22nd in Division One

Appearances
Sub. Appearances
Goals

Smith	Nisbet	Wilson	Cantello	Wile	Robertson	Brown T	Brown A	Gould	Suggett	Hartford	Latchford P	McLean	Merrick	Hughes	Woolgar	Johnston	Glover	Astle	Shaw	Osborne	Minton	
1	2	3	4	5	6	7	8	9	10	11												1
1	2	3	4	5	6	7	8	9	10	11												2
1	2	3	4	5	6	7	8	9	10	11												3
1	2	3	4	5	6	7	8	9	10	11												4
	2	3	4	5	6	7	8	9*	10	11	1	12										5
	2	3		5	6			8	9	10	11	1		4	7							6
	2	3		5	4			8	9	10	11	1		6	7							7
	2	3	4	5	6	8	10	9	7	11	1											8
	2	3	4	5	6	8	10	9	7	11	1											9
	2		4	5	6	8	10	9	7	11	1		3									10
	2	3	4	5	6	8	10	9	7	11	1											11
	2	3	4*	5	6	8	10	9	7	11	1					12						12
	2	3	4	5	6	8	10	9	7	11	1											13
	2		4*	5	6	8	10	9	7	11	1		3		12							14
	2			5	6	8	10	9	7	11	1		3		4							15
	2	3		5	6	8	10	9	7	11	1		4									16
	2	3		5	6	8	10	9	7	11	1		4									17
	2	3	4		5	8	10	9	7	11	1		6									18
	2	3	4		5	8	7	9		10	1	11	6									19
	2	3	4*	5	6	8	10	9		11	1	12	7									20
	2	3	4*	5	6	8	10	9	12	7	1					11						21
	2	3	4	5		8	9*		7	10	1		6			11	12					22
	2	3	4	5		8	7			10	1		6			11	9					23
	2	3	4	5	6	8	9			10	1		7			11						24
	2		4	5	3	8	9			10	1		6			11	7					25
	2	3	4	5		8	9	7	10	1		6			11							26
	2	3	4	5	9	8	12		7*	10	1		6			11						27
	2	3	4	5	9	8				10	1		6		7	11*	12					28
	2	3	4	5	6	8	12			10	1		7			11	9*					29
	2	3	4	5	6	8				10	1		7			11*	9	12				30
	2	3	4	5	6	8				10		7*				11	9	12	1			31
	2	3	4	5	6	8					7*	12				11	9	10	1			32
	2	3	4	5	6	8				10		7				11	9		1			33
		3	2	5	6	8				10		7				11	9	4	1			34
		3	2	5	6	4				10		7				11	9	8	1			35
		3	2	5	6	8*				10		7				11	12	9	4	1		36
		3	4	5		7				10		6				11	9	8	1	2		37
		3	4	5		7				10		6				11	9	8	1	2		38
		3	4	5		7				10		6				11	9	8	1	2		39
		3	4	5	12	7				10		6*				11	9	8	1	2		40
		3	4	5	7		12			10		6				11*	9	8	1	2		41
		3	4	5	7	12				10		6				11	9	8	1	2*		42
4	33	38	37	40	35	38	26	21	21	41	26	2	30	2	2	22	2	14	10	12	6	
					1	1	3		1			2	1			2		3		2		
				1	1	12	3	6	3	3						1	5	3				

19

1973-74

1	Aug	25	(a)	Blackpool	W 3-2	T. Brown 2, Glover	14,238
2	Sep	1	(h)	Crystal Palace	W 1-0	Glover	18,037
3		8	(a)	Swindon Town	L 0-1		11,583
4		12	(a)	Sheffield W	L 1-3	T. Brown	15,927
5		15	(h)	Nottingham F	D 3-3	A. Brown, Minton, T. Brown	14,895
6		18	(h)	Preston NE	L 0-2		11,822
7		22	(a)	Hull C	D 0-0		7,089
8		29	(h)	Sunderland	D 1-1	A. Brown	17,027
9	Oct	1	(a)	Preston NE	L 1-3	T. Brown	15,419
10		6	(a)	Bristol City	D 1-1	T. Brown	14,326
11		13	(h)	Carlisle U	D 1-1	T. Brown	12,528
12		20	(a)	Middlesbrough	D 0-0		18,997
13		24	(h)	Sheffield W	W 2-0	Shaw 2	12,679
14		27	(h)	Bolton W	D 0-0		15,604
15	Nov	3	(a)	Cardiff C	W 1-0	T. Brown	10,663
16		10	(h)	Notts Co	W 2-1	T. Brown, Shaw	15,613
17		17	(a)	Orient	L 0-2		11,581
18		24	(h)	Fulham	W 2-0	Glover, Hartford	12,683
19	Dec	1	(a)	Luton T	W 2-0	Shaw, Hartford	10,192
20		8	(h)	Oxford U	W 1-0	Shaw	12,098
21		15	(h)	Portsmouth	L 1-2	Cantello	11,213
22		22	(a)	Sunderland	D 1-1	Shaw	18,389
23		26	(h)	Aston Villa	W 2-0	T. Brown 2	43,080
24		29	(a)	Swindon T	W 2-0	Merrick, Johnston	14,555
25	Jan	1	(a)	Crystal Palace	L 0-1		23,338
26		12	(a)	Nottingham F	W 4-1	T. Brown 4	15,501
27		19	(h)	Blackpool	D 1-1	Wile	17,727
28	Feb	3	(a)	Portsmouth	D 1-1	Went (og)	19,769
29		23	(h)	Bristol C	D 2-2	Wile, Astle	17,653
30		25	(a)	Carlisle U	W 1-0	Johnston	6,407
31	Mar	2	(h)	Aston Villa	W 3-1	Wile, T. Brown 2 (1 pen)	37,323
32		9	(a)	Bolton W	D 1-1	T. Brown	17,760
33		16	(h)	Middlesbrough	L 0-4		24,148
34		19	(h)	Hull C	L 2-3	Shaw, A. Brown	13,564
35		23	(a)	Notts Co	L 0-1		9,667
36		30	(h)	Cardiff C	D 2-2	Murray (og), Shaw	10,537
37	Apr	6	(a)	Fulham	D 0-0		9,494
38		12	(a)	Millwall	L 0-1		8,752
39		13	(h)	Orient	W 1-0	Hartford	11,291
40		17	(h)	Millwall	D 1-1	Glover	12,264
41		20	(a)	Oxford U	L 0-1		9,256
42		27	(h)	Luton T	D 1-1	T. Brown (pen)	13,227

FINAL LEAGUE POSITION: 8th in Division Two

Appearances

Sub. Appearances

Goals

#	Latchford	Minton	Merrick	Cantello	Wile	Robertson	Hughes	Shaw	Brown T	Glover	Johnston	Brown A	Hartford	Donaghy	Nisbet	Mayo	Wilson	Thompson	Astle	#
1	2	3	4	5	6	7	8	9	10	11										1
1	2	3	4	5	6	7	8	9	10	11										2
1	2*	3	4	5	6		8	10	7	11	12	9								3
1	2	3	4	5	6	9	10	8	7	11*	12									4
1	2	3	4	5	6	7*		8	12		9	10	11							5
1	2	3*		5	6	8	12	10	7		9	4	11							6
1		3		5	6	4*	11	10	7		9	8		2	12					7
1		3		5	6		9	10	7		8	4	11	2						8
1		3		5	6		11	9	4	7	10	8		2						9
1		3	4	5	6		11	9		7	8	10		2						10
1		3	4	5	6		11	9		7	8	10		2						11
1		3	4	5	6		9	10		11	8	7		2						12
1		3	4	5	6		11	9		7	8	10		2						13
1		3	4	5	6		9	10		11	8	7		2						14
1			4	5	6		9	8	11		7		2	10	3					15
1			4	5	6	12	8-	11	7		10		2	9	3					16
1			4	5	6	12	9	8*	11		7		2	10	3					17
1			4	5	6	12	9	8	11		7		2	10*	3					18
1			4	5	6	12	9	8	11		7		2	10*	3					19
1			4	5	6	12	9	8	11		7		2	10*	3					20
1			4	5	6		9	8	11	7		10		2		3				21
1	12		4	5	6	10	9	8*	11		7		2		3					22
1	10		4	5	6	9	8	11	7				2		3					23
1		10	4	5	6	9	8	11	7				2		3					24
1	12		4	5	6	9	8	11	7		10		2	3*						25
1			4	5	6	10	9	11	7	8			2		3					26
1			4	5	6	10	9	11	7	8			2		3					27
1			4	5	6	9	8	11	7		10		2		3					28
1			4	5	6		10	11	7	8			2			3	9			29
1			4	5	6		8	11	7	10*	12		2			3	9			30
1	10		4	5	6	12	8	11	7				2		3	9*				31
1	10		4	5	6	12	8	11	7				2		3	9*				32
1			4	5	6		12	8	11	7		10	2*		3	9				33
1	10		4	5	6	7	8	11		9			2		3					34
1	10		4	5	6	8		11		9	7		2		3					35
1			4	5	6	8	9*	10			7	11	2		3		12			36
1		6	4	5		9	8	11	10		7		2			3				37
1			4	5		6	8	7	9	11		10		2		3				38
1			4*	5	6		9	8	11	7		10		2	12	3				39
1				5	6		8	4	11	7		10		2	9	3				40
1				5	6		8	4	11	7		10			9	3	2			41
1				5	6	8		4	11	7	10				9	3	2			42
42	6	21	35	42	40	8	28	41	36	35	13	33	4	34	9	2	8	5		
		2					9		1		2		1		2			1		
	1	1	1	3		8	19	4	2	3	3						1			

1974-75

1	Aug	17	(h)	Fulham	L	0-1		11,408
2		24	(a)	Hull C	L	0-1		7,864
3		31	(h)	Sunderland	W	1-0	Glover	12,732
4	Sep	7	(a)	Portsmouth	W	3-1	Johnston, Shaw, Merrick	9,158
5		14	(h)	Manchester U	D	1-1	Merrick	23,721
6		18	(h)	Hull C	D	2-2	Shaw 2	9,973
7		21	(a)	Notts Co	D	0-0		10,004
8		25	(a)	Sheffield W	D	0-0		12,333
9		28	(h)	Oxford U	W	3-0	T. Brown, Merrick, Cantello	9,688
10	Oct	5	(h)	York C	W	2-0	Johnston, Merrick	11,595
11		12	(a)	Cardiff C	W	2-0	Mayo, Donaghy	6,723
12		19	(h)	Nottingham F	L	0-1		13,518
13		22	(a)	Bristol R	L	1-2	Shaw	12,101
14		26	(a)	Millwall	D	2-2	Hughes, Kitchener (og)	8,179
15	Nov	2	(h)	Norwich C	D	1-1	Shaw	12,177
16		6	(h)	Bristol R	D	2-2	Glover, T. Brown	8,704
17		9	(a)	Southampton	L	0-1		15,638
18		16	(h)	Bristol C	W	1-0	Mayo	12,145
19		23	(a)	Orient	W	2-0	Hughes, Johnston	6,771
20		30	(h)	Oldham A	W	1-0	T. Brown	11,326
21	Dec	7	(a)	Bolton W	W	1-0	Mayo	12,315
22		14	(a)	Fulham	L	0-1		6,730
23		21	(h)	Aston Villa	W	2-0	Cumbes (og), Mayo	28,011
24		26	(a)	Manchester U	L	1-2	Cantello	51,104
25		28	(h)	Blackpool	W	2-0	Johnston, Mayo	14,924
26	Jan	18	(a)	Oldham A	D	0-0		11,355
27	Feb	1	(h)	Southampton	L	0-3		16,823
28		8	(a)	Norwich C	L	2-3	Mayo, Hughes	34,509
29		15	(h)	Orient	W	1-0	Johnston	9,364
30		22	(a)	Bristol C	L	1-2	Shaw	14,180
31	Mar	1	(a)	Sunderland	L	0-3		28,867
32		8	(h)	Sheffield W	W	4-0	T. Brown 2 (1 pen), Wile, Edwards	10,385
33		15	(a)	Oxford U	D	1-1	T. Brown	7,212
34		22	(h)	Portsmouth	W	2-1	T. Brown, Wilson	10,017
35		29	(a)	Aston Villa	L	1-3	T. Brown	47,574
36		31	(a)	Blackpool	L	0-2		11,611
37	Apr	2	(h)	Notts Co	W	4-1	T. Brown 2 (1 pen), Edwards, Cantello	7,651
38		5	(h)	Millwall	W	2-1	T. Brown 2	8,147
39		8	(h)	Bolton W	L	0-1		7,937
40		12	(a)	York C	W	3-1	Johnston, Mayo 2	7,566
41		19	(h)	Cardiff C	W	2-0	Robson, Robertson	10,182
42		26	(a)	Nottingham F	L	1-2	Robson	11,721

FINAL LEAGUE POSITION: 6th in Division Two

Appearances

Sub. Appearances

Goals

Latchford	Nisbet	Wilson	Cantello	Robertson	Merrick	Hughes	Brown	Shaw	Glover	Johnston	Wile	Mayo	Donaghy	Osborne	Rushbury	Trewick	Thompson	Ward	Edwards	Minton	Brown A	Robson	#
1	2	3	4	5	6	7	8	9	10	11													1
1	2	3	4	5	6		10	8	9	7	11												2
1	2	3	4	5			10	8	9	7	11	6											3
1	2	3	4		6	7		8	9	10	11	5											4
1	2	3	4		6	10		8	9	7	11	5											5
1	2	3	4		6			8	9	7	11	5											6
1	2	3	4		6	10		8	9	7	11	5											7
1	2	3	4		6	10	12	8	9*	7	11	5											8
1	2	3	4		6	10*	12	8		7	11	5	9										9
1	2	3	4		6	10		8		7	11	5	9										10
1	2	3	4		6	10*		8		7	11	5	9	12									11
1	2	3	4		6	10*		8	12	7	11	5	9										12
1	2	3	4		6	10		8	9	7	11	5											13
	2	3	4			10	11	8	9*	7		5	12		1	6							14
	2	3				10	4	8	9*	7	11	5	12		1	6							15
	2	3	4			10		8	9	7	11	5			1	6							16
	2	3	4*			10	12	8	9	7	11	5			1	6							17
	2	3				4		10	8	11	5	9		1	6	7							18
	2	3	4			10		9	7	11	5	8		1	6								19
	2	3	4			11	8	10	7		5	9		1	6								20
	2	3	4			12	11	10*	8	7		5	9		1	6							21
	2	3	4			12	10	11	8	7		5	9*		1	6							22
	2		4			10		8	7	11	5	9		1	6	3							23
	2	3	4			10		8	7	11	5	9		1	6								24
	2	3	4			10	12	8	7*	11	5	9		1	6								25
	2	3	4			10	7	8		11	5	9		1	6								26
	2	3	4				7	8	10*	12	11	5	9		1	6							27
	2*		4				7	8	12	10	11	5	9		1	6		3					28
	2		4			10	8	12	7*	11	5	9		1	6			3					29
		3	4	5		10	7	8		11		9*		1	6	12	2						30
	2*		4	5		10	12	8	7	11		9		1	6			3					31
	2	3	4			10	8			7	11	5			6				1	9			32
	2	3	4			10	8	12		7	11	5		1	6				9*				33
	2	3	4				8	12		7	11	5			6	10*			1	9			34
	2		4			10	8			7	11	5		1	6	3		9					35
	2					4	8	10		7	11	5		1	6	3*			12	9			36
	2		4	6	7	10	8			11	5		1	3				9					37
	2		4	6	10	7*	8	12		11	5			3			1	9					38
	2	3	4	6	7			8		11	5			10			1	9					39
	2	3	4	6	7					11	5	9					1	8	10				40
	2	3		6	7			8		11	5	9					1	10	4				41
	2	3		6	4					7	11	5	9				1	10	8				42
13	41	34	37	21	24	23	32	27	35	38	38	21	22	26	2	7	7	7		4	3		
					2	3	2	6	1			2	1				1						
	1	3	1	4	3	12	6	2	6	1	8	1			2			2					

1975-76

1	Aug	16	(a)	Southampton	L	0-3		14,246
2		20	(h)	Chelsea	D	0-0		18,014
3		23	(h)	Luton T	W	1-0	Trewick	13,875
4		30	(a)	Fulham	L	0-4		9,910
5	Sep	6	(h)	York C	D	2-2	T. Brown, Hurst	11,028
6		13	(a)	Sunderland	L	0-2		25,159
7		20	(h)	Charlton A	D	1-1	Hurst	10,563
8		27	(a)	Carlisle U	D	1-1	A. Brown	6,625
9	Oct	4	(h)	Oldham A	D	1-1	Johnston	9,500
10		11	(a)	Blackburn R	D	0-0		9,973
11		18	(h)	Plymouth A	W	1-0	A. Brown	11,149
12		25	(a)	Bristol C	W	2-0	A. Brown, T. Brown	19,132
13	Nov	1	(h)	Notts Co	D	0-0		12,595
14		4	(a)	Bristol R	D	1-1	Edwards	13,105
15		8	(a)	Blackpool	W	1-0	Johnston	8,271
16		12	(a)	Oxford U	W	1-0	Mayo	5,685
17		15	(h)	Hull C	W	2-0	Martin, T. Brown	13,780
18		22	(a)	Plymouth A	L	1-2	Giles	17,380
19		29	(a)	Bolton W	W	2-1	Mayo, Robson	18,710
20	Dec	6	(h)	Portsmouth	W	3-1	A. Brown 2, T. Brown	15,225
21		13	(a)	Luton T	L	1-2	Martin	10,203
22		19	(h)	Southampton	L	0-2		17,071
23		26	(a)	Nottingham F	W	2-0	Giles, Johnston	19,395
24		27	(h)	Orient	D	1-1	Mayo	20,626
25	Jan	10	(h)	Sunderland	D	0-0		25,399
26		17	(a)	York C	W	1-0	A. Brown	5,628
27		31	(a)	Chelsea	W	2-1	Martin, T. Brown	15,896
28	Feb	7	(h)	Bristol R	W	3-0	Cantello, Mayo, A. Brown	17,201
29		21	(a)	Hull C	L	1-2	Johnston	6,137
30		25	(h)	Oxford U	W	2-0	T. Brown, Robertson	14,159
31	Mar	6	(a)	Notts Co	W	2-0	Mayo, Johnston	20,032
32		13	(h)	Blackburn R	D	2-2	Mayo, Wile	16,969
33		17	(h)	Bristol C	L	0-1		26,640
34		20	(h)	Bolton W	W	2-0	Mayo, Wile	25,319
35		27	(a)	Portsmouth	W	1-0	Cantello	10,617
36		31	(h)	Blackpool	D	0-0		20,729
37	Apr	3	(h)	Carlisle U	W	3-0	A. Brown, Martin, Mayo	17,136
38		9	(a)	Charlton A	L	1-2	T. Brown (pen)	14,252
39		14	(h)	Fulham	W	3-1	A. Brown 2, Cantello	18,234
40		17	(h)	Nottingham F	W	2-0	Martin, Johnston	26,447
41		20	(a)	Orient	D	0-0		10,857
42		24	(a)	Oldham A	W	1-0	T. Brown	22,356

FINAL LEAGUE POSITION: 3rd in Division Two

Appearances
Sub. Appearances
Goals

Osborne	Nisbet	Wilson	Cantello	Wile	Robertson	Trewick	Brown A	Mayo	Merrick	Johnston	Brown T	Hurst	Giles	Robson	Thompson	Rushbury	Glover	Martin	Mulligan	Edwards	
1	2	3	4	5	6	7	8	9*	10	11	12										1
1	2	3	4	5	6	7				11	8	9	10								2
1	2	3		5	6	7				11	8	9	10	4							3
1	2	3	4	5	6	7				11	8*	9	10	12							4
1	2		4	5	6	7				11	8	9	10		3						5
1	2		4	5	6	7				11*	8	9	10	12	3						6
1		3	4		5		12			11	8*	9	10		2	6	7				7
1		3	4	5	6		8			11	12	9*	10		2		7				8
1		3	4	5	6		8			11	12	9*			2		7	10			9
1		3	4	5	6		8			11		9	10					7	2		10
1		3	4	5	6		8			11		9	10					7	2		11
1		3	4	5	6		9			11	8		10					7	2		12
1		3	4	5	6		9			11	8		10					7*	2	12	13
1		3	4	5	6		9			11	8		10*					7	2	12	14
1		3	4*	5	6	12		9		11	8		10					7	2		15
1		3		5	6	4		9			8		10					7	2	11	16
1		3		5	6	4		9			8		10					7	2	11	17
1		3		5	6	4*	9	10			8		11					7	2	12	18
1		3		5	6		8	9		11	7			10				4	2		19
1		3			5		9	8		11	7		10	6				4	2		20
1		3			5		8	9		11	4		10	6				7	2		21
1			4		6	10	9			11	8			5		3		7	2		22
1			3	5	6		9	8		11	7		10					4	2		23
1			3	5	6		9	8		11	7		10					4	2		24
1			4	5	6		9	3		11	7		10					8	2		25
1			4	5	6		9	3		11	7		10					8	2		26
1				5	6		9	3		11	7		10	4				8	2		27
1			4	5	6		9	3		11	7		10					8	2		28
1		8*		5	6		12	3		11	4		10	9				7	2		29
1		3		5			8	9		11	4		10	6				7	2		30
1		8	5	6				3		11	9		10	4				7	2		31
1		8	5	6				3		11	9		10	4				7	2		32
1		8	5	6			12	9*		11	4		10	3				7	2		33
1		8	5	6			12	9		11	4		10*	3				7	2		34
1		8	5	6				9		11	4		10	3				7	2		36
1		8	5	6			12	9		11	4		10	3*				7	2		37
1		3	5	6			8	9		11	4		10					7	2		38
1		3	5	6			8	9		11	4		10					7	2		39
1		3	5	6			8	9		11	4		10					7	2		40
1		3	5	6			8	9		11	4		10					7	2		41
1		3	5	6			8	9		11	4		10					7	2		42
1		3	5	6			8	9		11	4		10					7	2		43
42	6	19	34	37	42	10	26	28	1	39	37	10	38	14	5	2	3	34	33	2	
							1	5			3			2						3	
			3	2	1	1	10	8		6	8	2	2	1				5		1	

1976-77

#	Month	Date	H/A	Opponent	Result	Score	Scorers	Attendance
1	Aug	21	(a)	Leeds U	D	2-2	A. Brown, T. Brown	40,248
2		25	(h)	Liverpool	L	0-1		30,334
3		28	(h)	Norwich C	W	2-0	A. Brown, T. Brown (pen)	17,045
4	Sep	4	(a)	Queen's Park R	L	0-1		18,876
5		11	(a)	Birmingham C	W	1-0	T. Brown	38,448
6		17	(h)	Coventry C	D	1-1	Wile	24,323
7		25	(a)	Derby Co	D	2-2	Treacy 2	24,278
8	Oct	2	(h)	Tottenham H	W	4-2	T. Brown (pen), Martin 2, Treacy	23,495
9		6	(a)	Newcastle U	L	0-2		28,757
10		16	(h)	Manchester U	W	4-0	Giles, A. Brown, Cantello, Treacy	38,037
11		23	(a)	Middlesbrough	L	0-1		23,000
12		30	(h)	West Ham U	W	3-0	Martin, A. Brown 2	19,856
13	Nov	6	(a)	Ipswich T	L	0-7		26,706
14		10	(h)	Aston Villa	D	1-1	Wile	42,900
15		20	(a)	Manchester C	L	0-1		36,656
16		27	(h)	Everton	W	3-0	T. Brown, Cross, Treacy	21,025
17	Dec	11	(a)	Leicester C	D	2-2	Treacy, Cross	18,832
18		18	(a)	Stoke C	W	2-0	Statham, Trewick	15,989
19		27	(h)	Bristol C	D	1-1	Cross	30,444
20	Jan	3	(a)	West Ham U	D	0-0		25,236
21		15	(a)	Liverpool	D	1-1	Cross	39,195
22		22	(h)	Leeds U	L	1-2	T. Brown (pen)	25,958
23	Feb	5	(a)	Norwich C	L	0-1		19,613
24		12	(h)	Queen's Park R	D	1-1	Wile	18,364
25		22	(a)	Sunderland	L	1-6	Robson	30,317
26		28	(h)	Birmingham C	W	2-1	Robson, A. Brown	27,393
27	Mar	5	(h)	Derby Co	W	1-0	Robson	19,314
28		8	(a)	Arsenal	W	2-1	Cross 2	19,517
29		12	(h)	Tottenham H	W	2-0	Robson, Cross	28,834
30		16	(h)	Ipswich T	W	4-0	Robson 3, Cunningham	22,659
31		19	(h)	Newcastle U	D	1-1	Cunningham	23,780
32		23	(a)	Manchester U	D	2-2	Cross, Robson	51,053
33	Apr	2	(h)	Middlesbrough	W	2-1	Cunningham, Johnston	19,542
34		5	(a)	Bristol C	W	2-1	Hunter (og), Cross	23,752
35		9	(h)	Arsenal	L	0-2		24,275
36		16	(h)	Manchester C	L	0-2		24,889
37		19	(a)	Coventry C	D	1-1	Wile	18,999
38		30	(h)	Sunderland	L	2-3	Cunningham, Cross	22,072
39	May	7	(a)	Leicester C	W	5-0	Martin 2, Cross, Cunningham, T. Brown	18,139
40		14	(h)	Stoke C	W	3-1	Martin, Cunningham, Cross	22,772
41		16	(a)	Everton	D	1-1	T. Brown	20,102
42		23	(a)	Aston Villa	L	0-4		42,532

FINAL LEAGUE POSITION: 7th in Division One

Appearances

Sub. Appearances

Goals

Osborne	Mulligan	Cantello	Brown T	Wile	Robertson	Martin	Brown A	Mayo	Giles	Johnston	Robson	Edwards	Treacy	Trewick	Ward	Cross	Statham	Glover	Godden	Cunningham	Hughes	
1	2	3	4	5	6	7	8	9	10	11												1
1	2	3	4	5	6	7	8	9	10	11												2
1	2	3	4	5	6	7	8	9	10	11												3
1	2	3	4	5	6	7	8	9	10*	11	12											4
1	2	3*	4	5	6	7		9	12	11	8	10										5
1	2		4	5	6	7		9	10	11	3	8										6
1	2		4	5	6	7	8	9	10		3		11									7
1	2	9	4	5	6	7		12	10	11	3*		8									8
1	2	3	4	5	6	7	12	9*	10	11			8									9
1	2	3	4	5	6	7	9		10	11			8									10
1	2	3	4	5	6	7	9		10		11	8										11
1	2	3	4	5	6	7	11		10		9*	8	12									2
1	2	3	4	5	6	7	9		10			8	11									13
	2	3	4	5	6	7	11	9	10			8		1								14
1	2	3	4	5	6	7	11		10			8			9							15
1	2	3	4	5	6	7	12		10*	11		8			9							16
1	2	3	4	5	6	7	10			11		8			9							17
	2		4	5	6	7				11		8	10	1	9	3						18
1	2		4	5	6	7				11	3	8	10		9							19
1	2		4	5	6	7				11	3	8	10		9							20
1	2*	3	4	5	6	7				11	12	8	10		9							21
1		2	4	5	6	7			10	11	3	8			9							22
1	2	7	4	5	6				10	11*	3	8	12		9							23
1	2	3	4	5	6				10		7	8			9		11					24
1	2	3	4	5	6				10	11	7	8			9							25
1	2		4	5	6		8		10	11	7				9	3						26
1	2	3	4	5	6		8		10	11	7				9							27
1	2		4	5	6		8		10	11	7*		12		9	3						28
	2		4	5	6				10	11	7				9	3		1	8			29
	2		4*	5	6		12		10	11	7				9	3		1	8			30
	2			5	6	4			10	11	7				9	3		1	8			31
	2			5	6	4			10	11	7				9	3		1	8			32
	2			5	6	4			10	11	8				9	3		1	7			33
	2			5	6	4			10	11	7				9	3		1	8			34
1	2			5	6	4			10	11	7				9	3			8			35
1	2	12		5	6	4			10	11	7*				9	3			8			36
1	2		4	5	6	7	9		10	11						3			8			37
1	2		4	5	6	7			10	11					9	3			8			38
1	2		4	5*	6	7	11		10			12			9	3			8			39
1	2		4	5	6	7			10	11					9	3			8			40
		7	5	6	2	4			10	11					9	3			8			41
1	2		4	5	6*	3	7		10	11		8			9					12		44
34	40	21	36	42	42	34	19	9	36	34	21	4	20	5	2	27	16	1	6	13		
		1	8	4		6	6		1	1	8		6	1		12	1		6			

1977-78

1	Aug	20	(h)	Chelsea	W 3-0	T. Brown 2 (1 pen), Cross	20,145
2		24	(a)	Leeds U	D 2-2	Cross 2	21,000
3		27	(a)	Liverpool	L 0-3		48,525
4	Sep	3	(h)	Middlesbrough	W 2-1	Robson, Regis	19,103
5		10	(a)	Newcastle U	W 3-0	Regis, Cunningham, Robson	23,351
6		17	(h)	Wolverhampton W	D 2-2	T. Brown (pen), Cross	30,295
7		24	(h)	Birmingham C	W 3-1	T. Brown 2 (1 pen), Regis	29,160
8	Oct	1	(a)	Coventry C	W 2-1	Holton (og), T. Brown	25,909
9		4	(a)	Everton	L 1-3	T. Brown (pen)	34,582
10		8	(h)	Ipswich T	W 1-0	Robson	22,918
11		15	(a)	Derby Co	D 1-1	Regis	28,397
12		22	(h)	Manchester U	W 4-0	Cross 2, Wile, Cunningham	27,912
13		29	(a)	Queen's Park R	L 1-2	Johnston	18,800
14	Nov	5	(h)	Leicester C	W 2-0	T. Brown, Cross	20,121
15		12	(a)	West Ham U	D 3-3	Wile 2, Cunningham	23,601
16		19	(h)	Manchester C	D 0-0		27,159
17		26	(a)	Nottingham F	D 0-0		31,908
18	Dec	3	(h)	Norwich C	D 0-0		19,264
19		10	(a)	Aston Villa	L 0-3		41,631
20		17	(h)	West Ham U	W 1-0	A. Brown	18,868
21		26	(a)	Bristol C	L 1-3	T. Brown	28,879
22		27	(h)	Arsenal	L 1-3	Cunningham	22,723
23		31	(h)	Leeds U	W 1-0	T. Brown (pen)	24,249
24	Jan	2	(a)	Chelsea	D 2-2	A. Brown, T. Brown	29,540
25		14	(h)	Liverpool	L 0-1		35,809
26		21	(a)	Middlesbrough	L 0-1		19,172
27	Feb	25	(h)	Coventry C	D 3-3	Trewick 2, Wile	25,300
28		28	(a)	Birmingham C	W 2-1	T. Brown, A. Brown	26,633
29	Mar	4	(a)	Ipswich T	D 2-2	T. Brown 2 (1 pen)	22,084
30		14	(a)	Wolverhampton W	D 1-1	Trewick	29,757
31		18	(a)	Manchester U	D 1-1	Robertson	46,329
32		22	(h)	Queen's Park R	W 2-0	A. Brown, Regis	21,000
33		25	(a)	Arsenal	L 0-4		36,763
34		27	(h)	Bristol C	W 2-1	T. Brown, Johnston	23,898
35	Apr	1	(a)	Leicester C	W 1-0	T. Brown	14,637
36		12	(h)	Newcastle U	W 2-0	Regis, Mulligan	17,321
37		15	(a)	Manchester C	W 3-1	Regis, Cunningham, A. Brown	36,521
38		18	(h)	Derby Co	W 1-0	T. Brown (pen)	20,878
39		22	(h)	Aston Villa	L 0-3		35,000
40		25	(h)	Everton	W 3-1	Regis 2, Hughes	20,247
41		29	(a)	Norwich C	D 1-1	Regis	18,317
42	May	2	(h)	Nottingham F	D 2-2	T. Brown, Hughes	23,612

FINAL LEAGUE POSITION: 6th in Division One

Appearances
Sub. Appearances
Goals

Godden	Mulligan	Statham	Brown T	Wile	Robertson	Cantello	Cunningham	Cross	Robson	Johnston	Martin	Trewick	Hughes	Regis	Brown A	Batson	
1	2	3	4	5	6	7	8	9	10	11							1
1	2	3	4	5	6	7	8	9	10	11							2
1	2	3	4	5	6	7	8	9*	10	11	12						3
1	2	3		5	6	7	8		10	11		4*	12	9			4
1	2	3	4	5	6	7	8*		10	11	12			9			5
1	2	3	4	5	6	7		9	8	11				10			6
1	2	3	4	5	6	7			10	11				9	8		7
1	2	3	4	5	6	7*		8	11	12				9	10		8
1	2	3	4	5	6	7	8		10	11				9			9
1	2	3	4	5	6	7	8		10	11				9			10
1	2	3	6	5	6	7	8		10	11				9			11
1	2	3	4	5	4	7	8	9	10	11							12
1	2	3	4	5	6	7*	8	9	10	11				12			13
1	2	3	4	5	6	7	8	9	10	11							14
1	2	3	4	5	6	7	8	9	10	11							15
1	2	3	4	5	6		8	9	10	11	7						16
1	2	3	4	5	6		8	9	10	11	7						17
1	2	3	4	5	6		11	9	10		7			8			18
1	2	3	4	5	6	8	7*		11		12			9	10		19
1	2	3	4	5	6				10	11	7			8	9		20
1	2	3	4	5	6		12		10	11	7			9*	8		21
1	2	3	4	5	6		12		10*	11	7			9	8		22
1	2		4	5	6				3	11	7	10		9	8		23
1	2*		4	5	6				3	11	7	10	12	8	9		24
1	2	3	4	5	6		9			11	7	10		8*	12		25
1	2	3	4	5	6		8			11	7	10		9			26
1		3	4	5	6		12		7*	11	2	10		9	8		27
1		3	4	5	6				11	7	10			9	8	2	28
1		3	4	5	6		12		11	7*	10			9	8	2	29
1	2	3	4	5	6		8		11	7	10			9			30
1	2	3	4	5	6		8		7	11		10		9			31
1	2	3	4	5	6				7	11		10		9	8		32
1	2	3	4	5	6		11		7			10		9	8		33
1	2	3	4	5	6		8			11	7	10		9			34
1	2	3	4	5	6					11	7	10		9	8		35
1	2	3	4		6	7	11		5			10		9	8		36
1	2	3	4		6	7	11		5			10		9	8		37
1	2	3	4		6	7	11		5			10		9	8		38
1	2*	3	4	12	6	7	11		5			10		9	8		39
1		3	4	5	6	7	11		8				10	9		2	40
1		3	4	5	6	7	11		8				10	9		2	41
1		3	4	5	6	7	11		8				10	9		2	42
42	36	40	41	38	42	23	29	11	35	32	16	18	3	33	18	5	
			1			4				4		2	1	1			
	1		18	4	1		5	7	3	2		3	2	10	5		

29

1978-79

#	Month	Date	H/A	Opponent	Result	Score	Scorers	Attendance
1	Aug	19	(h)	Ipswich T	W	2-1	A. Brown, Regis	21,700
2		22	(a)	Queen's Park R	W	1-0	Howe (og)	15,481
3		26	(h)	Bolton W	W	4-0	A. Brown 2, Cunningham, Regis	23,237
4	Sep	2	(a)	Nottingham F	D	0-0		28,239
5		9	(h)	Norwich C	D	2-2	Cunningham, Robson	21,947
6		16	(a)	Derby Co	L	2-3	Cunningham, Regis	23,697
7		23	(h)	Liverpool	D	1-1	Cunningham	38,000
8		30	(a)	Chelsea	W	3-1	Regis, Wile, T. Brown	20,186
9	Oct	7	(h)	Tottenham H	L	0-1		33,211
10		14	(a)	Leeds U	W	3-1	T. Brown, Regis 2	25,931
11		21	(h)	Coventry C	W	7-1	Cantello, Cunningham 2, Regis 2, T. Brown, Statham	27,381
12		28	(a)	Manchester C	D	2-2	Regis, Robson	40,521
13	Nov	4	(h)	Birmingham C	W	1-0	Trewick	31,988
14		11	(a)	Ipswich T	W	1-0	A. Brown	20,914
15		18	(a)	Bolton W	W	1-0	A. Brown	22,273
16		25	(h)	Aston Villa	D	1-1	T. Brown (pen)	35,085
17	Dec	9	(h)	Middlesbrough	W	2-0	Regis, Cantello	19,795
18		16	(a)	Wolverhampton W	W	3-0	A. Brown 2, T. Brown	29,117
19		26	(a)	Arsenal	W	2-1	Robson, A. Brown	40,055
20		30	(a)	Manchester U	W	5-3	T. Brown 2, Cantello, Cunningham, Regis	45,091
21	Jan	1	(h)	Bristol C	W	3-1	A. Brown 2, Wile	31,593
22		13	(a)	Norwich C	D	1-1	Regis	20,972
23	Feb	3	(a)	Liverpool	L	1-2	A. Brown	52,211
24		24	(h)	Leeds U	L	1-2	T. Brown	26,426
25	Mar	3	(a)	Coventry C	W	3-1	Robson, A. Brown, Mills	25,795
26		14	(h)	Chelsea	W	1-0	A. Brown	20,425
27		24	(h)	Queen's Park R	W	2-1	A. Brown, Cunningham	23,678
28		26	(h)	Derby Co	W	2-1	Cunningham, A. Brown	20,010
29	Apr	4	(h)	Manchester C	W	4-0	Trewick, Regis, Mills, Summerfield	22,314
30		7	(h)	Everton	W	1-0	A. Brown	29,580
31		13	(a)	Southampton	D	1-1	Regis	22,063
32		14	(h)	Arsenal	D	1-1	T. Brown	28,353
33		17	(a)	Bristol C	L	0-1		29,914
34		21	(h)	Wolverhampton W	D	1-1	Robson	32,385
35		24	(a)	Birmingham C	D	1-1	Robson	19,897
36		28	(a)	Middlesbrough	D	1-1	A. Brown	18,063
37	May	1	(a)	Everton	W	2-0	Mills, Robson	30,038
38		5	(h)	Manchester U	W	1-0	Regis	27,862
39		8	(h)	Southampton	W	1-0	A. Brown	17,526
40		11	(a)	Aston Villa	W	1-0	Trewick	35,991
41		14	(a)	Tottenham H	L	0-1		24,789
42		18	(h)	Nottingham F	L	0-1		28,246

FINAL LEAGUE POSITION: 3rd in Division One

Appearances
Sub. Appearances
Goals

#	Godden	Batson	Statham	Brown T	Wile	Robertson	Robson	Brown A	Regis	Cantello	Cunningham	Johnston	Trewick	Martin	Mills	Summerfield	Bennett	#
1	1	2	3	4	5	6	7	8	9	10	11							1
2	1	2	3	4	5	6	7	8	9	10	11							2
3	1	2	3	4	5	6	8	10	9	7	11*	12						3
4	1	2	3		5	6	7	8	9	4	10	11						4
5	1	2	3		5	6	7	8	9	4	10	11						5
6	1	2	3		5	6	7	8	9		10	11	4					6
7	1	2	3		5	6	7	8	9	10	4		11					7
8	1	2	3	11*	5	6	7	8	9	10	4		12					8
9	1	2	3	11	5	6	7	8	9		4		10					9
10	1	2	3*	11	5	6	8	10	9	7	4	12						10
11	1	2	3	11	5	6	7	8	9	10*	4	12						11
12	1	2	3	11	5	6	7	8	9	10	4							12
13	1	2		4	5	6	7	8	9	10	11	3						13
14	1	2		4	5	6	3	8	9	10	11	7						14
15	1	2		4	5	6	7	8		10	11	3	9					15
16	1	2	3	4	5	6	7	8	9	10	11							16
17	1	2	3	4	5	6	7	8	9	10	11							17
18	1	2	3	4	5	6	7	8	9	10	11							18
19	1	2	3	4	5	6	7	8	9	10	11							19
20	1	2	3	4	5	6	7	8	9	10	11							20
21	1	2	3	4	5	6	7	8	9	10	11							21
22	1	2	3	4	5	6	7	8	9		11	10						22
23	1	2	3	4	5	6	7	8	9	10*	11		12					23
24	1	2	3	4	5	6	7	8*	9	10	11		12					24
25	1	2	3		5	6	7	8	9		11	4	10					25
26	1	2	3	4	5	6		8	9*		11	12	7		10			26
27	1	2	3	4*	5	6	7	8		10	11		12		9			27
28	1	2	3		5	6	7	8*		10	11	4		9	12			28
29	1	2*	3		5	6	7		9	10	11	4		8	12			29
30	1		3		5	6	7	8	9		11	4			10	2		30
31	1	2	3	12	5	6	7	8	9		11	4			10*			31
32	1	2	3	4	5	6	7	8	9		11	10						32
33	1	2	3		5	6	7	8	9	10	11		4					33
34	1	2	3	4	5	6	7	8	9	10	11							34
35	1	2	3	4	5	6	7	8*	9	10	11		12					35
36	1	2	3	4	5	6	7	8	12	10	11*		9					36
37	1	2	3	4	5	6	7	8	9	10			11					37
38	1	2	3	4*	5	6	7	8	9		12	10	11					38
39	1	2	3	12	5	6	7	8	9		4	10*	11					39
40	1	2	3		5		7	8	9	6	4	10	11					40
41	1	2	3		5		7	8	9	10	11	4	6					41
42	1	2	3	4	5		7	8	9	10			11	6				42
	42	41	39	29	42	39	41	41	38	32	39	3	19	1	15		1	
				2					1		1	4	2		3	2		
			1	9	2		7	18	15	3	9		3		3	1		

1979-80

1	Aug	18	(h)	Derby Co	D	0-0		24,484
2		22	(a)	Manchester U	L	0-2		53,393
3		25	(a)	Liverpool	L	1-3	Barnes	48,021
4	Sep	1	(h)	Nottingham F	L	1-5	Owen	26,026
5		8	(a)	Bolton W	D	0-0		17,033
6		15	(h)	Manchester C	W	4-0	A. Brown, Owen, Robson 2	22,236
7		22	(a)	Tottenham H	D	1-1	A. Brown	29,814
8		29	(h)	Brighton & HA	D	2-2	Robson, A. Brown	20,024
9	Oct	6	(a)	Middlesbrough	L	1-2	Owen	16,312
10		10	(h)	Manchester U	W	2-0	Robson, Deehan	26,851
11		13	(a)	Aston Villa	D	0-0		36,007
12		20	(h)	Southampton	W	4-0	Deehan, Owen, Robson, A. Brown	22,500
13		27	(h)	Coventry C	W	4-1	A. Brown 2, T. Brown 2 (1 pen)	22,721
14	Nov	3	(a)	Derby Co	L	1-2	Robson	21,408
15		10	(h)	Norwich C	W	2-1	Wile, Robson	19,341
16		17	(a)	Leeds U	L	0-1		17,481
17		24	(a)	Wolverhampton W	D	0-0		32,564
18	Dec	1	(h)	Everton	D	1-1	Regis	21,294
19		8	(a)	Stoke C	L	2-3	Regis, Barnes (pen)	18,865
20		15	(h)	Arsenal	D	2-2	Robson, Trewick	18,280
21		26	(h)	Bristol C	W	3-0	Owen, Barnes 2	19,564
22		29	(h)	Liverpool	L	0-2		34,915
23	Jan	1	(a)	Ipswich T	L	0-4		22,477
24		12	(a)	Nottingham F	L	1-3	Regis	27,724
25		26	(a)	Crystal Palace	D	2-2	Robertson, Regis	23,258
26	Feb	2	(a)	Manchester C	W	3-1	Regis, Barnes 2	32,904
27		9	(h)	Tottenham H	W	2-1	Regis 2	26,320
28		16	(a)	Brighton & HA	D	0-0		22,633
29		23	(h)	Aston Villa	L	1-2	Robson	33,658
30	Mar	1	(a)	Southampton	D	1-1	Regis	22,138
31		8	(a)	Coventry C	W	2-0	Barnes 2 (1 pen)	23,287
32		14	(h)	Middlesbrough	D	0-0		15,356
33		18	(h)	Bolton W	D	4-4	Barnes 3 (1 pen), Moses	11,600
34		22	(a)	Norwich C	D	1-1	Bond (og)	14,811
35		29	(h)	Leeds U	W	2-1	Barnes (pen), Deehan	18,898
36	Apr	1	(h)	Crystal Palace	W	3-0	Trewick, Barnes 2	17,090
37		5	(a)	Bristol C	D	0-0		15,677
38		7	(h)	Ipswich T	D	0-0		19,844
39		19	(h)	Wolverhampton W	D	0-0		30,010
40		26	(a)	Arsenal	D	1-1	Barnes	30,027
41		28	(a)	Everton	D	0-0		20,356
42	May	3	(h)	Stoke C	L	0-1		18,478

FINAL LEAGUE POSITION: 10th in Division One

Appearances
Sub. Appearances
Goals

Godden	Batson	Statham	Trewick	Wile	Robertson	Robson	Brown T	Brown A	Owen	Barnes	Mills	Summerfield	Deehan	Pendrey	Regis	Bennett	Moses	Monaghan	Cowdrill	
1	2	3	4	5	6	7	8	9	10	11										1
1	2	3		5	6	7	8	4	10	11	9									2
1	2	3		5	6	7	8	4	10	11	9*	12								3
1	2	3	12	5	6	7		4	10	11	9*	8								4
1	2	3	4	5	6	7	8	9	10	11										5
1	2	3	4	5	6	7	9	8	10	11*		12								6
1	2	3	4	5	6	7	8	12	10*	11			9							7
1	2	3	4	5	6	7	8		10	11			9							8
1	2	3		5	6	7	8	12	10*	11	4		9							9
1	2	3		5	6	7	8		10	11	4		9							10
1	2	3		5	6*	7	8	12	10	11	4		9							11
1	2	3	12	5		7	8	11	10*		4		9	6						12
1	2	3		5	6	7	8	11	10		4		9							13
1	2	3		5	6	7	8	11*	10		4		9		12					14
1			2	5	6	7	8		10	11	4		9	3						15
1	2			5	6	7	8	10		11	4		9	3						16
1	2			5	6	7	8		10		4		9	3	11					17
1	2			5	6	7	8	4	10	11				3	9					18
1	2		7	5	6		8		10*	11	4		12	3	9					19
1	2		10	5		7	8			11	4			3	9	6				20
1	2		4	5	6	7			10	11			8	3	9					21
1	2		4	5	6	7	12		10*	11			8	3	9					22
1	2		4	5	6	7*	8	10		11			9	3	12					23
1	2	3	4	5	6			12	10	11*	7		8		9					24
1	2	3*		5	6	7	12		10	11			8		9	4				25
1	2			5	6	7	8		10	11				3	9	4				26
1	2			5		7	8		10	11				3	9	6	4			27
1	2*			5		7	10			11	12		8	3	9	6	4			28
1	2			5	6	7	8			11			10	3	9		4			29
1	2			5	6*	7			11	12			10	3	9		4	8		30
1	2			5	6	7			10	11			8	3	9		4			31
1	2			5	6	7			10	11			8	3	9		4			32
1				5	6	7			10	11	12		8	3	9*	2	4			33
1	2			5	6	7	8		10	11			9			4		3		34
1	2			5	6	7*			10	11			8		9	4	12	3		35
1	2		7	5	6				10	11			8		9	4		3		36
1	2			5	6	7			10	11			8		9	4		3		37
1	2		12	5	6	7			10	11			8*		9	4		3		38
1	2		7	5	6		8		10	11					9	4		3		39
1	2		7	5	6		8		10	11					9	4		3		40
1	2		7	5	6				10	11					9	4	8	3		41
1	2		7	5	6				10	11					9	4	8	3		42
42	40	16	17	42	38	35	27	12	37	37	15	1	27	18	24	4	18	3	9	
			3			2	4		1	2	2	1		2			1			
		2	1	1	9	6	2	5	15		3		8		1					

1980-81

1	Aug	16	(h)	Arsenal	L	0-1		22,364
2		20	(a)	Stoke C	D	0-0		14,085
3		23	(h)	Wolverhampton W	D	1-1	Regis	25,409
4		30	(a)	Brighton & HA	W	2-1	Regis, Owen	18,162
5	Sep	6	(h)	Norwich C	W	3-0	Barnes (pen), Owen, Brown	15,414
6		13	(a)	Liverpool	L	0-4		36,792
7		20	(a)	Birmingham C	D	1-1	Brown	26,881
8		27	(h)	Southampton	W	2-1	Brown 2	20,845
9	Oct	4	(a)	Crystal Palace	W	1-0	Regis	16,081
10		8	(h)	Coventry C	W	1-0	Barnes	16,377
11		11	(h)	Manchester C	W	3-1	Regis, Robson, Trewick	19,515
12		18	(a)	Nottingham F	L	1-2	Moses	25,096
13		21	(a)	Everton	D	1-1	Wile	24,046
14		25	(h)	Middlesbrough	W	3-0	Regis 2, Brown	16,162
15	Nov	1	(a)	Ipswich T	D	0-0		23,043
16		8	(h)	Aston Villa	D	0-0		34,001
17		15	(a)	Arsenal	D	2-2	Barnes, Owen (pen)	25,855
18		22	(h)	Leicester C	W	3-1	Robson, Moses, Owen (pen)	17,752
19		25	(h)	Stoke C	D	0-0		15,922
20		29	(a)	Tottenham H	W	3-2	Brown, Robson, Barnes	27,371
21	Dec	6	(h)	Leeds U	L	1-2	Moses	17,771
22		13	(a)	Coventry C	L	0-3		16,027
23		26	(a)	Sunderland	D	0-0		28,296
24		27	(h)	Manchester U	W	3-1	Owen, (pen), Barnes, Regis	30,033
25	Jan	10	(a)	Leicester C	W	2-0	Bennett, Deehan	17,778
26		17	(h)	Brighton & HA	W	2-0	Regis, Barnes	15,643
27		31	(a)	Wolverhampton W	L	0-2		29,764
28	Feb	7	(h)	Liverpool	W	2-0	Robson, Regis	27,905
29		14	(a)	Norwich C	W	2-0	Regis, Owen (pen)	15,218
30		21	(a)	Southampton	D	2-2	Robson, Regis	21,910
31		28	(h)	Birmingham C	D	2-2	Moses, Brown	24,853
32	Mar	7	(h)	Crystal Palace	W	1-0	Robson	15,599
33		14	(a)	Manchester C	L	1-2	Robson	36,581
34		21	(h)	Nottingham F	W	2-1	Gunn (og), Deehan	19,269
35		28	(a)	Middlesbrough	L	1-2	Robson	13,288
36		31	(h)	Everton	W	2-0	Robson, Brown	14,833
37	Apr	4	(h)	Ipswich T	W	3-1	Brown, Batson, Barnes	22,216
38		8	(a)	Aston Villa	L	0-1		47,998
39		18	(a)	Manchester U	L	1-2	Regis	44,442
40		20	(h)	Sunderland	W	2-1	Regis 2	15,243
41	May	2	(h)	Tottenham H	W	4-2	Brown, Barnes, Robson, Cross	20,429
42		6	(a)	Leeds U	D	0-0		17,218

FINAL LEAGUE POSITION: 4th in Division One

Appearances

Sub. Appearances

Goals

34

#	Godden	Trewick	Statham	Moses	Wile	Robertson	Robson	Deehan	Regis	Owen	Barnes	Batson	Brown	Monaghan	Benjamin	Mills	Cowdrill	Bennett	Cross
1	1	2	3	4	5	6	7	8	9	10	11								
2	1	2	3	4	5	6	7	8	9	10	11								
3	1		3	4	5*	6	7	8	9	10	11	2	12						
4	1	2	3	4	5	6	7		9	10	11		8						
5	1	2	3	4	5	6	7*	12	9	10	11		8						
6	1	12	3	4	5	6	7		9	10*	11	2	8						
7	1	10	3	4	5	6	7		9		11	2	8						
8	1	7	3	4	5	6			9	10	11	2	8						
9	1	7	3	4	5	6			9	10	11	2	8						
10	1	12	3	4*	5	6	7			10	11	2	8	9					
11	1	4	3		5	6	7		9	10	11	2	8						
12	1	12	3	4	5	6	7		9	10	11*	2	8						
13	1	10	3	4	5	6	7		9			2	8	11					
14	1	10	3	4	5	6	7		9			2	8	11*	12				
15	1	2	3*	4	5	6	7		9				8	11	12	10			
16	1			4	5	6	7		9	10	11	2	8				3		
17	1			4	5	6	7		9	10	11*	2	8		12		3		
18	1			4	5	6	7		9	10	11	2	8				3		
19	1			4	5	6	7		9	10	11	2	8				3		
20	1	3		4	5		7		9	10	11	2	8					6	
21	1			4	5		7		9	10	11	2	8*		12		3	6	
22	1			4	5	6	7	12	9	10	11*	2	8				3		
23	1			4	5		7		9	10	11	2	8				3	6	
24	1			4	5		7		9	10	11	2	8				3	6	
25	1			4	5		7	9		10	11	2	8				3	6	
26	1			4	5	2	7		9	10	11		8				3	6	
27	1		3	4	5		7		9	10	11	2				8		6	
28	1		3	4	5		7*	8	9	10	11	2	12					6	
29	1		3	4	5		7	8	9	10	11	2						6	
30	1		3	4	5		7	8	9	10	11	2						6	
31	1		3	4	5		7	8	9*	10	11	2	12					6	
32	1		3	4	5		7	9		10	11	2*	8		12			6	
33	1		3	4	5	2	7	9		10*	11		8		12			6	
34	1		3	4	5		7	8	9		11	2			10			6	
35	1		3	4	5		7	8*	9		11	2	12		10			6	
36	1		3	4	5		7	8	9		11	2	12		10			6*	
37	1		3	4	5	6	7		9	10	11	2	8						
38	1		3	4	5	6	7		9	10	11	2	8						
39	1		3	4	5		7		9	10	11	2	8*					12	
40	1		3	4	5	6	7		9	10	11	2	8						
41	1		3	4	5	6	7		9	10*	11	2	8					12	
42	1		3	4	5	6	7		9		11	2	8	10					
	42	12	31	41	42	28	40	13	38	34	39	35	31	4	1	5	10	16	
		3						2				5		1	5			2	
		1		4	1		10	2	14	6	8	1	10			1	1		

1981-82

1	Aug	29	(a)	Manchester C	L	1-2	Mills (pen)	36,187
2	Sep	2	(h)	Arsenal	L	0-2		17,104
3		5	(h)	Swansea C	W	4-1	Regis 3, MacKenzie	18,063
4		12	(a)	Nottingham F	D	0-0		22,618
5		19	(h)	West Ham U	D	0-0		19,516
6		22	(a)	Ipswich T	L	0-1		20,524
7		26	(a)	Everton	L	0-1		23,871
8	Oct	3	(h)	Middlesbrough	W	2-0	Summerfield, Regis	12,840
9		10	(a)	Brighton & HA	D	0-0		13,704
10		17	(a)	Leeds U	L	1-3	Mills	19,164
11		24	(h)	Southampton	D	1-1	Brown	15,730
12		31	(a)	Birmingham C	D	3-3	Regis 3	21,301
13	Nov	7	(a)	Tottenham H	W	2-1	Hughton (og), Jol	32,436
14		14	(h)	Stoke C	L	1-2	Smith (og)	15,787
15		21	(h)	Liverpool	D	1-1	Regis	20,871
16		28	(a)	Sunderland	W	2-1	Brown, Regis	15,867
17	Dec	5	(h)	Wolverhampton W	W	3-0	Regis 2, Whitehead	22,378
18		26	(a)	Coventry C	W	2-0	Owen, Regis	15,033
19	Jan	30	(a)	West Ham U	L	1-3	King	24,423
20	Feb	6	(h)	Nottingham F	W	2-1	Bennett, Summerfield	15,006
21		20	(h)	Everton	D	0-0		14,819
22		27	(a)	Brighton & HA	D	2-2	Cross, Bennett	14,553
23	Mar	9	(a)	Middlesbrough	L	0-1		9,884
24		13	(a)	Southampton	D	0-0		21,376
25		16	(a)	Arsenal	D	2-2	King, Cross	15,799
26		20	(h)	Birmingham C	D	1-1	Robertson	21,160
27		24	(h)	Notts Co	L	2-4	Regis, King	12,759
28		27	(h)	Tottenham H	W	1-0	Regis	20,275
29		30	(a)	Aston Villa	L	1-2	King	28,440
30	Apr	6	(a)	Swansea C	L	1-3	MacKenzie	15,774
31		10	(h)	Coventry C	L	1-2	MacKenzie	12,718
32		12	(a)	Manchester U	L	0-1		38,717
33		17	(a)	Liverpool	L	0-1		34,286
34		21	(h)	Manchester C	L	0-1		11,073
35		24	(h)	Sunderland	L	2-3	Brown, Owen (pen)	13,268
36	May	1	(a)	Wolverhampton W	W	2-1	Regis, Monaghan	19,813
37		5	(h)	Ipswich T	L	1-2	Owen	12,564
38		8	(h)	Aston Villa	L	0-1		19,615
39		12	(h)	Manchester U	L	0-3		19,772
40		15	(a)	Notts Co	W	2-1	MacKenzie, Regis	8,734
41		18	(h)	Leeds U	W	2-0	Regis, MacKenzie	23,118
42		20	(a)	Stoke C	L	0-3		19,698

FINAL LEAGUE POSITION: 17th in Division One

Appearances

Sub. Appearances

Goals

	Godden	Batson	Statham	Moses	Wile	Bennet	Robson	Mills	Deehan	Lowery	MacKenzie	Cross	Robertson	Owen	Regis	Brown	King	Summerfield	Jol	Grew	Whitehead	Monaghan	Lewis	Arthur	Childs	Zondervan	Webb	Cowdrill	
	1	2	3	4	5	6	7	8	9	10*	11	12																	1
	1	2	3	4*	5		7	8	9		11	12	6	10															2
	1	2	3	4	5		7	8			11		6	10	9														3
	1	2	3	4	5		7	8			11		6	10	9														4
	1	2	3		5			8	7		11	12	6	10	9	4*													5
	1	2	3		5			8	7		11	10	6*		9	4									12				6
	1	2	3		5	7	8				11	6		10	9		4	8											7
	1	2	3		5						11	7	6	10	9		4	8											8
	1	2	3		5			12			11	7*	6	10	9	4													9
	1	2	3		5		7				11		6	10	9	8	4												10
	1	2	3		5			12			11		6	10	9	8	4*		7										11
	1	2	3		5			4			11		6	10	9	8			7										12
		2*	3		5						11		6	10	9	8	12		7	1	4								13
		2*	3		5						11		6	10	9	8	12		7	1	4								14
		2	3		5						11		6	10	9	8*	12		7	1	4								15
		2	3		5						11		6	10	9	8			7	1	4								16
		2	3		5						11		6	10	9	8	12	7*		1	4								17
		2			5	3					11		6	10*	9		4			1	7	8	12						18
		2	3		5						11	12	6	10	9		4		7	1	8*								19
		2			5	6					11			10	9			8	1	7		4	3						20
			3		5	2					11	12	6	10	9		8*			1		4		7					21
			3		5	6					11	12		10	9		8			1		4*		7		2			22
		2	3		5	4					11			10*	9	7	8			1			12						23
		2			5	4					11			10	9	7	8			1			3						24
		2*	3		5	4						12	6	10		7	8			1		9				11			25
		2	3		5	4						7	6	10	9	8				1						11			26
		2	3*		5	4						7	6	10	9	12	8			1						11			27
		2			5	4						7	6	10	9		8			1						11	3		28
		2			5	4							11	7	6	10	9	8		1							3		29
			3		5	4*						11	8	6	10	9	12			1			2	7					30
		2	3		5	4						11	8*	6	10	9	12			1				7					31
		2	3		5							11	12	6	10	9	8	4		1				7*					32
		2	3		5	7						11	12	6*		9	8	10		1						4			33
		2	3		5							11		6	10*	9		8	4	1				7		12			34
		2	3		5	6						11*			10	9	4	8		1	12			7					35
	1	2			5	4						11		6	10	9	8				12			7*		3			36
	1	2			5	4						11*		6	10	9	8				12			7		3			37
	1	2	3		5	4								6	10	9	8				11			7					38
	1	2	3		5	4							7	12	10		8*				11					6			39
	1	2	3		5	4							7	12	10	9					11*					6	8		40
	1	2	3		5	4							11		10	9	8									6	7		41
	1	2	3		5	4							7	9		10		11		8						6*	12		42
	19	39	35	4	42	23	5	9	4	1	37	11	33	39	37	22	21	4	9	23	8	5	3	2	2	13	6	6	
						2						11				3	4			3	1	1		1		2			
				2		2					5	2	1	3	17	3	4	2	1		1	1							

1982-83

#	Month	Date	H/A	Opponent	Result	Score	Scorers	Attendance
1	Aug	28	(a)	Liverpool	L	0-2		35,652
2	Sep	1	(h)	Brighton & HA	W	5-0	Cross, Brown 2, Jol, Eastoe	11,546
3		4	(h)	Manchester U	W	3-1	Bennett, Eastoe, Brown	25,014
4		8	(a)	Stoke C	W	3-0	Regis, Eastoe, Brown	17,447
5		11	(a)	Watford	L	0-3		17,603
6		18	(h)	West Ham U	L	1-2	Eastoe	15,321
7		25	(a)	Norwich C	W	3-1	Regis 3	15,130
8	Oct	2	(h)	Aston Villa	W	1-0	Cross	25,300
9		9	(h)	Nottingham F	W	2-1	Regis, Owen	13,718
10		16	(a)	Arsenal	L	0-2		21,666
11		23	(h)	Luton T	W	1-0	Whitehead	16,345
12		30	(a)	Ipswich T	L	1-6	Regis	20,011
13	Nov	6	(a)	Birmingham C	L	1-2	Eastoe	18,520
14		13	(h)	Swansea C	D	3-3	Cross, Jol, Eastoe	12,432
15		20	(a)	Everton	D	0-0		16,001
16		27	(h)	Coventry C	W	2-0	Robertson, Regis	12,115
17	Dec	4	(a)	Tottenham H	D	1-1	Mills	26,208
18		11	(h)	Sunderland	W	3-0	Robertson, Owen, Zondervan	11,136
19		18	(a)	Southampton	L	1-4	Regis	16,896
20		27	(h)	Notts Co	D	2-2	Eastoe, Owen	17,768
21		28	(a)	Manchester C	L	1-2	Brown	25,172
22	Jan	1	(h)	Everton	D	2-2	Zondervan, Owen	15,194
23		3	(a)	Manchester U	D	0-0		39,123
24		15	(h)	Liverpool	L	0-1		24,560
25		22	(a)	West Ham U	W	1-0	Eastoe	19,887
26	Feb	5	(h)	Stoke C	D	1-1	Cross	11,486
27		12	(a)	Brighton & HA	D	0-0		9,902
28		19	(a)	Nottingham F	D	0-0		14,507
29		26	(h)	Arsenal	D	0-0		13,923
30	Mar	5	(a)	Luton T	D	0-0		10,852
31		12	(h)	Ipswich T	W	4-1	Thompson 2, Statham, Gernon (og)	12,892
32		19	(h)	Birmingham C	W	2-0	Regis, Thompson	20,794
33		26	(a)	Swansea C	L	1-2	Thompson	11,222
34	Apr	2	(h)	Manchester C	L	0-2		13,654
35		4	(a)	Notts Co	L	1-2	Thompson	8,692
36		9	(h)	Watford	L	1-3	Jol	11,828
37		19	(a)	Aston Villa	L	0-1		26,921
38		23	(h)	Tottenham H	L	0-1		14,940
39		30	(a)	Coventry C	W	1-0	Perry	9,410
40	May	2	(h)	Norwich C	W	1-0	Thompson	9,221
41		7	(h)	Southampton	W	1-0	Statham	11,241
42		14	(a)	Sunderland	D	1-1	Thompson	16,376

FINAL LEAGUE POSITION: 11th in Division One

Appearances
Sub. Appearances
Goals

Grew	Batson	Cowdrill	Zondervan	Bennett	Robertson	Jol	Brown	Eastoe	MacKenzie	Whitehead	Owen	Cross	Regis	Statham	Godden	Wile	Mills	Barron	Webb	Lewis	Thompson	Perry	Luke	Robson	#
1	2	3	4	5	6*	7	8	9	10	11															1
1	2		4	5	6	7	8	9		3	10	11													2
1	2		4	5	6	7	8	11		3	10		9												3
1	2		4	5	6	7	8	11		3	10		9												4
1	2		4	5	6	7	8	11		3	10		9												5
1	2		4	5	6	7	8*	11		3	10	12	9												6
1	2		4	5	6	7	8	11		3	10		9												7
1	2		4	5	6	7	8	11		3	10	9													8
1	2		4	5	6	7	8	11*		3	10	12	9												9
1	2		4	5	6	7	8			3	10	11*	9	12											10
	2		4	5	6	7	8			11	10		9	3	1										11
	2*		4		6	7	8			11	10	12	9	3	1	5									12
		2	4*		6	7		8		11	10	12	9	3	1	5									13
			4		6	7		11		2	10	8	9	3	1	5									14
			4		6	7		11		2	10	8	9	3	1	5									15
			4		6	7		11		2	10	8	9	3	1	5									16
			4		6	7		11*		2	10	8	9	3	1	5	12								17
			4		6	7		11		2	10	8*	9	3	1	5	12								18
			4		6	7		11		2	10	8	9	3	1	5									19
			4		6	7		11		2	10	8	9	3	1	5									20
			4*	12	6	7	8	11		2	10		9	3	1	5									21
			4		6	7		11		2	10	8*	9	3	1	5	12								22
			4	8	6	7		11		2	10		9	3		5		1							23
			4	8	6	7		11		2	10		9	3		5		1							24
			4	8	6	7		11		2	10	12	9*	3		5		1							25
			4	2	6	7	8	11			10	9		3		5		1							26
			4	6		7	8	11				9		3		5		1	2	10					27
			4	6		7	8	11				9		3		5		1	2	10					28
			4	2*	6	7		11		12	10	8		3		5		1			9				29
				6	3	5	7			11		10	8			2	4	1			9				30
			4	6				12		7	10	11	9*	3		5		1	2		8				31
			4	6						7	10	11	9	3		5		1	2		8				32
			4		6	7				11*	10	12	9	3		5		1	2		8				33
			4		6	7		11		2	10*	9		3		5		1		12	8				34
					6	7		9		4		11		3		5		1	2	10	8				35
		3	4		6	7		9		2	10	11				5		1				8			36
			4		6	7				2	10	11		3		5		1	9			8			37
			4		6	7		11*	10			9		3		5		1	2		8	12			38
			12		6	7*				4	10	11		3		5		1	2		8	9			39
			4		6						10	11		3		5		1	2	7*	9	8	12		40
			4		6	7*					10	11		3		5		1	2		9	8		12	41
			4			7				2	10	11		3		5		1	6		9	8*		12	42
10	12	2	40	22	37	39	16	30	1	35	38	26	26	31	12	31		20	12	4	12	6			
			1	1				1		1		6		1			3		1	1		1	1	1	
			2	1	2	3	5	8		1	4	4	9	2		1			7	1					

1983-84

1	Aug	27	(a)	Aston Villa	L	3-4	Zondervan, Thompson, Regis	29,522
2		29	(a)	Stoke C	L	1-3	Cross	16,156
3	Sep	3	(h)	Leicester C	W	1-0	Whitehead	12,016
4		7	(h)	Tottenham H	D	1-1	Regis	14,989
5		10	(a)	Everton	D	0-0		15,548
6		17	(h)	West Ham U	W	1-0	Thompson	15,161
7		24	(a)	Ipswich T	W	4-3	Zondervan, Regis, Perry, Thompson (pen)	16,611
8	Oct	1	(h)	Watford	W	2-0	Regis, Thompson	14,456
9		15	(a)	Manchester U	L	0-3		42,221
10		22	(a)	Coventry C	W	2-1	Regis, Perry	13,441
11		29	(h)	Birmingham C	L	1-2	Perry	20,224
12	Nov	5	(h)	Notts Co	W	2-0	McNaught, Luke	10,821
13		12	(a)	Southampton	L	0-1		16,450
14		19	(a)	Norwich C	L	0-2		13,368
15		26	(h)	Wolverhampton W	L	1-3	Thompson	17,947
16	Dec	3	(a)	Arsenal	W	1-0	Monaghan	22,271
17		10	(h)	Queen's Park R	L	1-2	Morley	11,717
18		18	(a)	Luton T	L	0-2		11,566
19		26	(h)	Liverpool	L	1-2	Morley	25,139
20		27	(a)	Sunderland	L	0-3		17,968
21		31	(a)	Leicester C	D	1-1	Thompson	15,128
22	Jan	2	(h)	Ipswich T	W	2-1	Owen, Thompson	11,199
23		14	(h)	Aston Villa	W	3-1	Thompson 2, Regis	20,399
24		21	(a)	West Ham U	L	0-1		17,213
25	Feb	4	(a)	Watford	L	1-3	Zondervan	14,240
26		8	(h)	Nottingham F	L	0-5		11,020
27		11	(h)	Everton	D	1-1	Perry	10,313
28		25	(h)	Coventry C	D	1-1	Cross	10,900
29		28	(a)	Birmingham C	L	1-2	MacKenzie	16,780
30	Mar	3	(a)	Notts Co	D	1-1	Cross	7,373
31		17	(a)	Tottenham H	W	1-0	Regis	22,385
32		24	(h)	Stoke C	W	3-0	MacKenzie, Hunt, Morley	13,681
33		31	(h)	Manchester U	W	2-0	MacKenzie, Regis	27,954
34	Apr	7	(a)	Nottingham F	L	1-3	Thompson	15,245
35		14	(h)	Norwich C	D	0-0		11,572
36		21	(a)	Liverpool	L	0-3		35,320
37		23	(h)	Sunderland	W	3-1	Regis, Hunt, Thompson	11,252
38		28	(a)	Wolverhampton W	D	0-0		13,208
39	May	5	(h)	Arsenal	L	1-3	Thompson	13,566
40		7	(a)	Queen's Park R	D	1-1	Thompson	14,418
41		12	(h)	Luton T	W	3-0	Morley, Regis, MacKenzie	12,400
42		14	(a)	Southampton	L	0-2		10,365

FINAL LEAGUE POSITION: 17th in Division One

Appearances
Sub. Appearances
Goals

Barron	Webb	Whitehead	Zondervan	McNaught	Bennett	Jol	Thompson	Regis	Owen	Cross	Robson	Robertson	Cowdrill	Perry	Lewis	Childs	Luke	Monaghan	Forsyth	MacKenzie	Morley	Ewbanks	Statham	Kent	Hunt	Greallish	
1	2	3	4*	5	6	7	8	9	10	11	12																1
1		3		5	6	7	8	9	10	11	4	2															2
1		3	2	5	6	7	8	9	10	11	4																3
1		3	2	5	6	7*	8	9	10	11			4	12													4
1			2	4	5	6		8	9	10	12	7*		3	11												5
1			2	4	5	6		8	9	10	11*			3	12	7											6
1			2	4	5	6		8	9		11	10*		3	12	7											7
1	2		4	8	5	6		10	9		11			3		7	12										8
1			2	4	5	6		8	9	10	11			3		7											9
1			2	4	5	6		8	9*	10		12		3	11	7											10
1			2	4	5	6*		8	9	10	12			3	11	7											11
1			2	7	5			8		10			6	3	11	9		4									12
1			2	4*	5			8		10	12	7	6	3	9			11									13
1			2	4	5		7	8		10	12		6	3	9*			11									14
1			2	4	5		7	8	10				6	3	9*			11	12								15
1	2			4	5			8		10				3			7	9	6	10							16
1	2			4	5	6		8		10				3	12			9		11*	7						17
1			2	5		7		9		10				3			8		4		6	11					18
1	2			4	5		7			9	10*			3	12	8			6		11						19
1				4	5			8	9	10	12			3			7			6	11	2*					20
1		2		4	5	6	7	8	9	10				3							11						21
1		2	4*	5	6			8	9	10	12			3		7					11						22
1		2		7	5	6		8	9	10				3			4				11						23
1		2		7	5		12	8	9	10*		6		3			4				11						24
1		2		4	5		7	8	9					3	10				6		11						25
1		2		4	5		7	8	9*						10				6	12	11		3				26
1		2		4	5		7			12				9					6*	10	11		3	8			27
1				4	5	6	7	8		9										10	11	2	3				28
1				4	5	6	7	8		9										10	11	2	3				29
1		2		4	5	6	7	8		9										10	11		3				30
1		2			5	6		8	9											10	11		3		4	7	31
1		2			5	6*		8	9											10	11	12	3		4	7	32
1		2			5	6		8	9											10	11		3		4	7	33
1		2			5	6		8	9											10	11		3		4	7	34
1					5	6		8		9										10	11	2	3		4	7	35
1					5	6		8	9											10	11		3		4	7	36
1		2			5	6		8	9	12										10	11		3*		4	7	37
1		2			5	6		8	9											10	11		3		4	7	38
1		2			5	6		8	9	12										10	11		3		4	7*	39
1		2			5			8	9									6		10	11	7	3		4		40
1		2			5	6			9	8										10	11		3		4	7	41
1		2			5	6				8				9						10	11	3*		12	4	7	42
42	5	34	29	42	29	15	37	30	20	16	5	6	22	8	14	0	8	2	8	19	26	6	16	1	12	11	
						1			9	2			5		1		1				1		1				
	1	3	1			13	10	1	3				4			1	1		4	4					2		

1984-85

#	Month	Date		Opponent	Result	Score	Scorers	Attendance
1	Aug	25	(a)	Queen's Park R	L	1-3	MacKenzie	12,802
2		27	(h)	Everton	W	2-1	Hunt, Thompson	13,464
3	Sep	1	(h)	Luton T	W	4-0	D. Cross, Hunt, Regis, Thompson	11,720
4		5	(a)	Norwich C	L	1-2	Grealish	14,234
5		8	(a)	Sunderland	D	1-1	Thompson	18,206
6		15	(h)	Sheffield W	D	2-2	Thompson 2	16,439
7		22	(a)	Leicester C	L	1-2	D. Cross	11,960
8		29	(h)	Manchester U	L	1-2	Thompson (pen)	26,401
9	Oct	6	(a)	Liverpool	D	0-0		29,346
10		13	(h)	Nottingham F	W	4-1	MacKenzie, Thomas 3	13,056
11		20	(a)	Ipswich T	L	0-2		14,154
12		27	(h)	Southampton	D	0-0		12,454
13	Nov	3	(a)	Tottenham H	W	3-2	N. Cross, MacKenzie, Statham (pen)	24,494
14		10	(h)	Stoke C	W	2-0	Hunt, MacKenzie	12,258
15		17	(a)	Chelsea	L	1-3	Thompson	17,573
16		24	(h)	Coventry C	W	5-2	Grealish, MacKenzie, Statham, Thompson, Valentine	12,742
17	Dec	1	(a)	West Ham U	W	2-0	Hunt, Thompson	15,572
18		8	(h)	Watford	W	2-1	N. Cross, Thompson	13,581
19		15	(a)	Arsenal	L	0-4		23,728
20		18	(a)	Luton T	W	2-1	Statham (pen), Thompson	7,286
21		26	(h)	Newcastle U	W	2-1	Hunt, Thompson	20,405
22		29	(h)	Norwich C	L	0-1		13,404
23	Jan	1	(a)	Aston Villa	L	1-3	Statham (pen)	31,710
24		12	(a)	Sheffield W	L	0-2		24,345
25		26	(h)	Queen's Park R	D	0-0		9,200
26	Feb	2	(a)	Manchester U	L	0-2		36,681
27		23	(h)	Tottenham H	L	0-1		15,418
28	Mar	2	(a)	Southampton	L	3-4	Thompson 2, Valentine	15,567
29		12	(a)	Stoke C	D	0-0		6,885
30		16	(a)	Nottingham F	W	2-1	D. Cross, Owen	12,663
31		23	(h)	Liverpool	L	0-5		20,500
32		30	(h)	Leicester C	W	2-0	Hunt 2	9,346
33	Apr	3	(h)	Ipswich T	L	1-2	Hunt	8,112
34		6	(a)	Newcastle U	L	0-1		22,690
35		8	(h)	Aston Villa	W	1-0	Valentine	21,044
36		16	(a)	Everton	L	1-4	Grealish	29,750
37		20	(h)	Chelsea	L	0-1		11,196
38		24	(h)	Sunderland	W	1-0	D. Cross	7,423
39		27	(a)	Coventry C	L	1-2	MacKenzie	10,356
40	May	4	(h)	West Ham U	W	5-1	D. Cross, Grealish, Hunt, MacKenzie 2	8,878
41		7	(a)	Watford	W	2-0	Owen, Thompson	14,062
42		11	(h)	Arsenal	D	2-2	Thompson, Valentine	13,485

FINAL LEAGUE POSITION: 12th in Division One

Appearances

Sub. Appearances

Goals

Godden	Whitehead	Statham	Hunt	Robertson	Bennett	Grealish	Thompson	Regis	MacKenzie	Cross D	Morley	Robson	Forsyth	Lewis	Barron	Nicholl	Valentine	Owen	Cross N	Cowdrill	
1	2	3	4	5	6	7	8	9	10	11											1
1	2	3	4	6	5	7*	8	9	10	12	11										2
1	2	3	4	6	5	7	8	9*	10	12	11										3
1	2	3	4	6	5	7	8	9	10		11										4
1	2	3	4	5	6	7	8	9	10		11										5
1	2	3	4	6	5	7	8	9	10		11										6
1	2	3	4	6	5	7	8		10	9	11										7
1	2	3	4	6*	5	7	8	9	10	12	11										8
1	2	3	4	6	5	7	8		10	9		11*	12								9
1	2	3	4	6	5	7	8		10	9		11									10
1	2	3	4	6	5	7	8		10	9	12					11					11
1	2	3*	4	6	5	7	8		9	12			11					10			12
1	2	3	4	6	5	7	8		9		12					11		10			13
1	12	3	4	6	5	7*	8		9						2			10			14
1	11	3	4*	6	5	7	8		9	12					2			10			15
1		3	4	6	5	7	8		9	12					2	11		10			16
1		3	4	6	5	7	8		9						2	11		10			17
1		3	4	6		7	8		9			5			2	11		10			18
1	4	3		6	5	7	8		9	12					2	11		10			19
1	4	3		6	5	7	8		9	10					2	11					20
1		3	4	6	5	7	8		9						2	11		10			21
1	12	3	4	6	5	7*	8		9						2	11		10			22
1	7	3	4	6*	5		8		9	12					2	11		10			23
1	12	3	4	6	5*	7	8		9						2	11		10			24
1	4	3			5	7	8		9			6			2	11		10			25
	10	3	4		5	7	8	9*				6		1	2	11	12				26
1	10		4	6	5		8	9				3			2	11	7				27
1	12	3	4	6	5		8	9*							2	11	7	10			28
1	3*		4		5	12	8	9				6			2	11	7	10			29
1	3		4		5	12	8	9	10*			6			2	11	7				30
1	12	3	4	6	5	7	8	9*	10						2	11					31
1	2	3	4	6		12	8		10			9*	5			11	7				32
1	2	3	4	6		12	8		10*			9	5			11	7				33
1			4	6	5	12	8					9			2	11	7*	10	3		34
1			4	6	5	10	8			12		9*			2	11	7		3		35
1	12		4	6*	5	10	8	7				9			2	11			3		36
1			4		5	10	8	11				9*	6		2	11	7		3		37
1	12			6	5	10*	8	4	9						2	11	7		3		38
1	9*			6	5	12	8	4	10						2	11	7		3		39
1			4	6	5	12	8	9	10						2	11	7*		3		40
1			4	6	5	12	8	9	10*						2	11	7		3		41
1			4	6	5		8	9	10						2	11	7		3		42
41	25	30	37	37	39	30	42	7	37	15	7	9	9	1	1	27	29	14	16	9	
	7					8			1	9		2	1					1			
		4	9			4	19	1	8	5							4	2	2		

1985-86

#	Month	Date	H/A	Opponent	Result	Score	Scorers	Attendance
1	Aug	17	(h)	Oxford U	D	1-1	Varadi	14,626
2		20	(a)	Everton	L	0-2		26,788
3		24	(a)	Watford	L	1-5	Varadi	14,541
4		26	(h)	Manchester C	L	2-3	MacKenzie 2	12,122
5		31	(a)	Chelsea	L	0-3		15,376
6	Sep	4	(h)	Aston Villa	L	0-3		17,077
7		7	(h)	Ipswich T	L	1-2	Crooks	7,763
8		14	(a)	Newcastle U	L	1-4	MacKenzie	21,855
9		21	(h)	Manchester U	L	1-5	Crooks	25,068
10		28	(a)	Coventry C	L	0-3		10,295
11	Oct	5	(h)	Tottenham H	D	1-1	Valentine	12,040
12		12	(a)	Leicester C	D	2-2	Crooks 2	7,237
13		19	(h)	Birmingham C	W	2-1	Varadi, Valentine	14,576
14		26	(a)	Sheffield W	L	0-1		19,873
15	Nov	3	(a)	Nottingham F	L	1-2	Hunt	19,610
16		9	(h)	Queen's Park R	L	0-1		9,016
17		16	(a)	Liverpool	L	1-4	Crooks	28,407
18		23	(h)	Arsenal	D	0-0		9,165
19		30	(a)	West Ham U	L	0-4		16,325
20	Dec	7	(h)	Everton	L	0-3		12,206
21		14	(a)	Oxford U	D	2-2	Hunt, Varadi	9,020
22		22	(h)	Watford	W	3-1	Hunt (pen), Dennison, Varadi	11,092
23		26	(h)	Luton T	L	1-2	Varadi	12,508
24		28	(a)	Aston Villa	D	1-1	Hunt	18,796
25	Jan	1	(a)	Southampton	L	1-3	Varadi	13,154
26		11	(h)	Newcastle U	D	1-1	Varadi	9,100
27		18	(h)	Chelsea	L	0-3		10,300
28	Feb	1	(a)	Manchester C	L	1-2	Grealish	20,540
29		8	(a)	Birmingham C	W	1-0	Bennett	11,514
30		22	(a)	Manchester U	L	0-3		45,193
31	Mar	8	(a)	Tottenham H	L	0-5		10,841
32		15	(h)	Leicester C	D	2-2	Varadi, MacKenzie	8,300
33		19	(h)	Coventry C	D	0-0		8,831
34		22	(a)	Ipswich T	L	0-1		12,100
35		29	(h)	Southampton	W	1-0	Thompson	7,325
36	Apr	1	(a)	Luton T	L	0-3		9,226
37		5	(h)	Nottingham F	D	1-1	Bennett	7,901
38		12	(a)	Queen's Park R	L	0-1		11,866
39		19	(h)	Liverpool	L	1-2	Madden	22,010
40		22	(a)	Sheffield W	D	1-1	Reilly	6,201
41		26	(a)	Arsenal	D	2-2	Reilly 2	14,843
42	May	3	(h)	West Ham U	L	2-3	Madden, Reilly (pen)	17,651

FINAL LEAGUE POSITION: 22nd in Division One

Appearances

Sub. Appearances

Goals

	Godden	Nicholl	Statham	Whitehead	Bennett	Robertson	Grealish	Varadi	MacKenzie	Crooks	Valentine	Cowdrill	Anderson	Hunt	Forsyth	Robson	Armstrong	Dennison	Palmer	Thomas	Bradshaw	Thompson	Reilly	Owen	Grew	Naylor	Dickinson	Dyson	Bradley	Madden	
1	1	2	3	4	5	6	7	8	9	10*	11	12																			1
2	1	2	10	7	5			8	9		11	3*	12	4	6																2
3	1	2	10	12	5	6*		8	9		11		3			4	7														3
4	1	2	10		5			8	9		11		3			6	4	7													4
5	1	5	10	2				8	9		11		3			6	4	7													5
6	1	2	3		5*	10		8	9		11		12			6	4	7													6
7	1	2	3			10		8	9	7	11		12			6	4*	5													7
8	1	2	3	5					9		11			7		6	4	8	10*	12											8
9	1	2	3			5			9		11	10				4	6	8	7												9
10	1	2	3		5	6	12	8	9*	11	7			4						10											10
11		2	3*	12	5	6	4	9			11	7			8					10	1										11
12		2	3	4	5	6	8	9			11	7								10	1										12
3			3	4	5	6	8	9			11	7						2		10	1										3
14		2	3	8*	5	6		9			11	7		4					12	10	1										14
15		2	3		5	6	8	9			11	7		4						10	1										15
16			6	3	2	5		8	9		11	7		4					12	10*	1										16
17	1	2	3		5*	6			9		11			4		7	12			10	8										17
18			3*	8	5	6			9		11			4		12		7	2	10	1										18
19		2		8*	5	6	7	9	12	11		3		4						10	1										19
20	1	2			5	6*		8	7	11		3		4					12	10			9								20
21	1	2	3		5	6	11	8	7					4						10			9								21
22	1	2	3		5	6	7*	8	11					4				12		10			9								22
23	1	2	3		5	6	7*	8	11					4				12		10			9								23
24	1	2*	3		5	6		8	7					4				12		10	11	9									24
25	1	2	3		5	6		8	7				4*					12		10	11	9									25
26	1	2	3		5	6		8	7*							11		10	12	9	4										26
27		2	3				8*		11		4	6			9	5	10		7		12	1									27
28	1	2	3		6		7	8*		12		4						5	10		9	11									28
29	1	2	3		6		7	12		8*		4						5	10		9	11									29
30		2	3		6			12	8	11			4	7		10*	5			9		1									30
31	1	2	3	7			8*	10		4	11	5							12	9		6									31
32		3	2				8	10				4							7	9	1	6	5	11							32
33		3	2				8	10						4					7	9	1	6	5	11							33
34		3	2					10					12	4					7	9	1	6	5	11*	8						34
35		3	2					10						4					11	9	1	6	5	7	8						35
36		3	2				12	9*						4					7		1	6	5	11	8						36
37		3	2	6				10					12	4			7*	9		1		5	11	8							37
38			2					10		6	3					9	4		7*		1		5	11	8						38
39		3	2					9		4	12					11	7			8	1		5	6*	10						39
40			2					9		4				12		7		6	8		1		5		10						40
41			2					9		4	3		12			6		7*	8		1		5	11	10						41
42		3	2					8*			4			12		6			9		1	7	5	11	10						42
	21	29	37	22	25	20	14	30	30	18	15	9	7	19	11	9	7	7	16	20	8	13	20	3	1	12	7	11	10	9	
			2		2	2	1			1		1	4			5	1	5	4		2		1								
			2		1	9	4	5	2		4							1			1	4								2	

1986-87

#	Month	Date	H/A	Opponent	Result	Score	Scorers	Attendance
1	Aug	23	(a)	Hull C	L	0-2		8,658
2		25	(h)	Sheffield U	W	1-0	Evans	9,102
3		30	(h)	Huddersfield T	W	1-0	Bennett	9,250
4	Sep	2	(a)	Stoke C	D	1-1	Palmer	8,664
5		6	(a)	Reading	D	1-1	Madden	7,537
6		13	(h)	Ipswich T	L	3-4	Williamson, Bull 2	9,031
7		20	(a)	Brighton & HA	L	0-2		8,766
8		27	(h)	Derby Co	W	2-0	MacKenzie 2	10,847
9	Oct	4	(h)	Oldham A	W	2-0	Crooks, Whitehead	9,351
10		11	(a)	Blackburn R	W	1-0	Dyson	5,701
11		18	(h)	Grimsby T	D	1-1	Hopkins	8,618
12		25	(a)	Portsmouth	L	1-2	Crooks	11,608
13	Nov	1	(h)	Birmingham C	W	3-2	Williamson 2, Crooks	15,029
14		8	(a)	Sunderland	W	3-0	Dickinson, Williamson, Crooks	16,162
15		15	(a)	Plymouth A	L	0-1		14,697
16		22	(h)	Millwall	L	0-1		8,005
17		29	(a)	Barnsley	D	2-2	Williamson, Crooks	5,750
18	Dec	6	(h)	Leeds U	W	3-0	Whitehead 2, Crooks	9,853
19		12	(a)	Bradford C	W	3-1	Abbott (og), Williamson, Hopkins	4,580
20		19	(h)	Reading	L	1-2	Crooks	7,558
21		26	(a)	Shrewsbury T	L	0-1		9,261
22		27	(h)	Plymouth A	D	0-0		12,678
23	Jan	1	(h)	Crystal Palace	L	1-2	Hopkins	8,420
24		3	(a)	Sheffield U	D	1-1	Crooks	9,240
25		24	(h)	Hull C	D	1-1	Reilly	6,707
26	Feb	7	(a)	Huddersfield T	L	1-2	Reilly	5,218
27		14	(h)	Stoke C	W	4-1	Crooks 2, Reilly 2 (1 pen)	12,366
28		21	(a)	Derby Co	D	1-1	Anderson	16,237
29		28	(h)	Brighton & HA	D	0-0		8,359
30	Mar	3	(a)	Ipswich T	L	0-1		9,704
31		14	(a)	Grimsby T	L	1-3	Crooks	5,024
32		21	(h)	Blackburn R	L	0-1		8,565
33		28	(a)	Oldham A	L	1-2	Bradley	6,944
34	Apr	4	(h)	Sunderland	D	2-2	Lynex, Bennett	6,123
35		12	(a)	Birmingham C	W	1-0	Reilly	11,158
36		18	(a)	Crystal Palace	D	1-1	Goodman	7,127
37		20	(h)	Shrewsbury T	L	1-2	Williamson	7,307
38		25	(a)	Millwall	W	1-0	Williamson	3,912
39		29	(h)	Portsmouth	W	1-0	Hopkins	10,007
40	May	2	(h)	Barnsley	L	0-1		6,361
41		4	(a)	Leeds U	L	2-3	Dyson, Burrows	24,688
42		9	(h)	Bradford C	D	2-2	Robson, Goodman	8,367

FINAL LEAGUE POSITION: 15th in Division Two

Appearances

Sub. Appearances

Goals

Naylor	Whitehead	Burrows	Bennett	Dyson	Dickinson	Palmer	Evans	MacKenzie	Williamson	Madden	Thompson	Dennison	Dobbins	Bull	Cowdrill	Anderson	Robinson	Crooks	Hopkins	Singleton	Statham	Bradley	Reilly	Steggles	Robson	Lynex	Goodman	
1	2	3	4	5	6	7	8	9	10	11*	12																	1
1		3	4	5	6	7	8	9	10		2	11*	12															2
1	2	3	4	5	6	7	8	9	10*		11		12															3
1	2	3	4	5	6	7	8	9	10		11																	4
1	2	3	4	5	6	7			10	12	11*		9	8														5
1	2	3	4	5	6	7		9	10	12				8	11*													6
1	2	3	4	5	6	7	8	9	10			11*	12															7
1	2			5	6	4	8	9	10		12				7	3	11*											8
1	2			5	6	4	8	9	10						7	3	11											9
1	2			5		4	8	9	10		12		6		7	3*	11											10
1	2			5		4	8	9	10		6				3		11	7										11
1	2	9*		5	6	4	12		10			8			3		11	7										12
1	2			5	6	4			10						3	8	11	7										13
1	2			5	6	4			10		12				3	8*	11	7										14
1	2			5	6	4			10						3	8	11	7										15
1	2			5	6	4			10			12			3	8	11	7										16
1	2			5	6	4			10			12			3	8*	11	7										17
1	2			5	6	4			10						3	8	11	7										18
1	2	12		5	6*	4			10						3	8	11	7										19
1	2			5	12	4			10						3	8*	11	7	6									20
1	2			5	6		10	9							3	8	11*	7	4									21
1	2			5	6			9	10				12		3	8	11	7	4									22
1	2			5	6*	4	10	9							3	8	11	7	12									23
1	2	6		5		4		9	10						3		11	7		8								24
1	2			5		4	8	10	7*						3	11			12		6	9						25
1	12			5	4	2	8*		10							11		7		3	6	9						26
1	4			5		2			10						8	11	7		3	6	9							27
1	2			5					7						10	8	11		3	6	9	4						28
1	2			5	8				7*						12	10	11		3	6	9	4						29
1	2			5	8	12									10*		11	7	3	6		4	9					30
1		3		5	8	2										10	11	7		6	9	4						31
1	3	12		5	8	2			11							10		7		6		4	9*					32
1			4	5		2			11						3		7		6		10	12	8	9*				33
1			4	5		2									3	11	7			9	6		10	8				34
1			4	5		2		11							3		7		6	9			10	8				35
1				5		2		11							3		7		6	9	4		10	8				36
1				5		2*		11	9						3	12	7		6		4		10	8				37
1	2		4	5					9						3	6		11			7		10	8				38
1	2		4	5		3		9								11	7		6				10	8				39
1	2	12	4	5		3		9*	7							11			6				10	8				40
1		3	4	5	2	7										11		6				9	10	8				41
1	2	3	4	5		7									6	11						9	10	8				42
42	33	12	15	42	26	36	13	30	30	1	5	2	3	2	28	27	1	21	25	5	6	14	9	10	4	10	10	
	1	3			1	1		1		1	2	4	2	3	1	1	1			2			1					
	3	1	2	2	1	1	1	2	8	1		2		1		11	4		1	5		1	1	2				

1987-88

1	Aug	15	(h)	Oldham A	D	0-0		8,873
2		22	(a)	Blackburn R	L	1-3	Sulley (og)	5,619
3		29	(h)	Swindon T	L	1-2	Bennett	7,503
4		31	(a)	Leeds U	L	0-1		19,847
5	Sep	5	(h)	Shrewsbury T	W	2-1	Goodman, Pearson (og)	8,560
6		8	(a)	Crystal Palace	L	1-4	Williamson	8,554
7		12	(a)	Plymouth A	D	3-3	Gray 2, Palmer	10,578
8		16	(h)	Aston Villa	L	0-2		22,072
9		19	(h)	Bournemouth	W	3-0	Palmer, Morley 2	7,749
10		26	(a)	Millwall	L	0-2		6,564
11		30	(h)	Birmingham C	W	3-1	Palmer, Gray, Singleton	15,399
12	Oct	3	(a)	Reading	W	2-1	Gray, Williamson	5,543
13		10	(h)	Bradford C	L	0-1		12,241
14		17	(a)	Middlesbrough	L	1-2	Kelly (pen)	10,684
15		21	(a)	Leicester C	L	0-3		9,262
16		24	(h)	Huddersfield T	W	3-2	Morley 3	8,450
17	Nov	4	(h)	Sheffield U	W	4-0	Gray, Goodman, Williamson, Morley	8,072
18		7	(a)	Stoke C	L	0-3		9,992
19		14	(h)	Ipswich T	D	2-2	Gray, Goodman	8,457
20		21	(a)	Hull C	L	0-1		7,654
21		28	(h)	Manchester C	D	1-1	Goodman	15,425
22	Dec	5	(a)	Barnsley	L	1-3	Futcher (og)	5,395
23		12	(h)	Blackburn R	L	0-1		7,303
24		18	(a)	Aston Villa	D	0-0		24,437
25		26	(h)	Millwall	L	1-4	Morley (pen)	9,291
26		28	(h)	Bournemouth	L	2-3	Goodman, Gray	8,969
27	Jan	1	(a)	Swindon T	L	0-2		12,155
28		2	(h)	Plymouth A	W	1-0	Goodman	8,445
29		16	(a)	Oldham A	L	1-2	Robson	5,557
30		30	(h)	Leeds U	L	1-4	Dickinson	9,008
31	Feb	6	(a)	Shrewsbury T	W	1-0	Anderson	6,360
32		13	(h)	Crystal Palace	W	1-0	Goodman	8,944
33		27	(h)	Reading	L	0-1		8,509
34	Mar	5	(h)	Middlesbrough	D	0-0		8,316
35		8	(a)	Birmingham C	W	1-0	Hopkins	12,331
36		12	(a)	Bradford C	L	1-4	Talbot (pen)	12,502
37		26	(a)	Huddersfield T	W	3-1	Gray 2, Swain	4,503
38	Apr	2	(h)	Stoke C	W	2-0	Gray, Talbot (pen)	12,144
39		4	(a)	Ipswich T	D	1-1	Phillips	10,665
40		9	(h)	Leicester C	D	1-1	Lynex	11,013
41		23	(a)	Sheffield U	D	0-0		12,091
42		30	(h)	Hull C	D	1-1	Dyson	8,004
43	May	2	(a)	Manchester C	L	2-4	Dyson, Lynex	16,490
44		7	(h)	Barnsley	D	2-2	Hopkins, Phillips	8,483

FINAL LEAGUE POSITION: 20th in Division Two

Appearances

Sub. Appearances

Goals

Naylor	Robson	Statham	Bennett	Dickinson	Kelly	Hopkins	Goodman	Williamson	Bradley	Morley	Palmer	Burrows	Reilly	Dobbins	Singleton	Steggles	Cowdrill	Gray	Anderson	Lynex	Hogg	Powell	North	Hucker	Talbot	Swain	Phillips	Dyson	Hodson	
1	2*	3	4	5	6	7	8	9†	10	11	12	14																		1
1	10†		4	5	6	7	8*		2	11	12	3	9	14																2
1	9		4	5†	6		8	12	14	11*	7	3		2	10															3
1	9			5	6		8	12	2	11	7*	3			10	4														4
1	7			5	6		8	9	12	11	2				10	4*	3													5
1	7†			5	6	14	8	9	12	11	2				10	4*	3													6
1		4*	14		7	8†	12	6	11	2		5			10		3	9												7
1		4			7	8*	12	6	11	2		5			10		3	9												8
1		4†	14	6*	7	8		10	11	2		5			12		3	9												9
1			4	6	7	8	12	10		2†		5			14		3	9*	11											10
1				6	7	8	12	2		4	5				10		3	9*	11											11
1				6	7	8	12	2	11	4	5				10		3	9*												12
1				6	7	8	12	2	11*	4	5				10*		3	9												13
1				6	7	8	11	2		4	5		12	10			3	9*												14
1	10				6		14	8†	2	11	4	5		12			3*		7											15
1	10*				6			8	2	11	4	3	5				9	12	7											16
1				6		8*	14	10†	11	2	3	5					9	12	7	4										17
1	12			6			8*	10†	11	2	3	5					9	14	7	4										18
1				6		8			11	5	3					2	9	10	7	4										19
1	12			6		8			11	2	3	5					9	10	7*	4										20
1			5		7	8			11	2	3		10				9		6	4										21
1	10		5		7	8			12	2		14	11				9†	3	6*	4										22
1	14			5	7	8	12		11	2	3	9	10†						6*	4										23
1	12			5	7	8			11	4	2	9					3		10*	6										24
1	14		7	5		8			11	4	2	9*					3	12	10†	6										25
1	10		2	6		8	14		11†	4	12	5*					3	9		7										26
	10		2	6	7	8	11			4							3	9				1	5							27
	10*		2	6	7	8	14		11†	4							3	9	12		1	5								28
1	10			6	2	12	8		11*	4							3	9	7			5								29
	7		12	10*	2	8			11	6							3	9				5	1	4						30
	10				7	8			6								3	9	11			5	1	4	2					31
	10				7	8			6								3	9	11			5	1	4	2					32
	10					8	9		11*	6	12			14			3		7†			5	1	4	2					33
	10					8			6				7				3		11			5	1	4	2	9				34
	10*				7	8			6	12							3		11			5	1	4	2	9				35
	10*				7	8			6								3	12	11			5	1	4	2	9				36
1					7	8*		11				12					3	9	10			5		4	2		6			37
1	12				7			10									3	9*	11			5		4		8	6	2		38
1					7	12		10*									3	9	11			5		4		8	6	2		39
1	10					12											3	9	11	7*		5		4		8	6	2		40
1	10*					12											3	9	11	7		5		4		8	6	2		41
1	10				7	12											3	9*	11			5		4		8	6	2		42
1	10				7†	9		14									3		11*	12		5		4		8	6	2		43
1	10				7												3	9	11*	12		5		4		8	6	2		44
35	25	1	6	13	26	28	34	10	15	27	36	17	13	5	10	4	32	30	20	16	7	2	18	7	15	7	10	8	7	
	6			3			1	6	12	4	1	2	4	1	5	2		2	3	3										
	1		1	1	1	2	7	3		7	3			1			10	1	2					2	1	2	2			

1988-89

1	Aug	27	(a)	Leicester C	D 1-1	Paskin	13,082
2		29	(h)	Watford	L 0-1		10,242
3	Sep	3	(h)	Swindon T	W 3-1	Dyson, Goodman, Paskin	7,518
4		10	(a)	Shrewsbury T	D 1-1	Robson	5,851
5		17	(h)	Walsall	D 0-0		13,977
6		21	(a)	Brighton & HA	W 1-0	Goodman	7,395
7		24	(a)	Plymouth A	D 1-1	Phillips	8,539
8	Oct	1	(h)	Ipswich T	L 1-2	Whyte	9,357
9		5	(h)	Bournemouth	D 0-0		7,248
10		8	(a)	Barnsley	L 1-2	Talbot	5,674
11		15	(a)	Birmingham C	W 4-1	Hopkins 2, Phillips, Robson	10,453
12		22	(h)	Bradford C	W 1-0	Talbot	8,989
13		26	(h)	Manchester C	W 1-0	Durnin	14,258
14		29	(a)	Blackburn R	W 2-1	Whyte, Anderson	9,503
15	Nov	5	(h)	Oxford U	W 3-2	Anderson, Hopkins, Goodman	11,643
16		12	(a)	Leeds U	L 1-2	Durnin	20,442
17		19	(a)	Sunderland	D 1-1	Robson	18,141
18		26	(h)	Crystal Palace	W 5-3	Goodman 3, Hopkins, Paskin	11,099
19	Dec	3	(a)	Portsmouth	D 0-0		12,779
20		10	(h)	Hull C	W 2-0	Goodman 2	10,094
21		18	(h)	Stoke C	W 6-0	Robson 2, Goodman 2, Paskin 2	17,634
22		26	(a)	Oldham A	W 3-1	Goodman, Hopkins, Robson	9,827
23		31	(a)	Chelsea	D 1-1	Anderson	25,906
24	Jan	2	(h)	Shrewsbury T	W 4-0	Goodman, Moyes (og), Albiston, Robson	18,411
25		14	(a)	Watford	L 0-2		15,168
26		21	(h)	Leicester C	D 1-1	Robson	15,792
27	Feb	4	(a)	Bournemouth	L 1-2	Albiston	11,571
28		11	(h)	Barnsley	D 1-1	Goodman	12,650
29		18	(a)	Bradford C	L 0-2		11,047
30		25	(h)	Birmingham C	D 0-0		16,148
31	Mar	1	(a)	Manchester C	D 1-1	Whyte	25,109
32		5	(h)	Leeds U	W 2-1	Goodman 2	15,914
33		11	(a)	Oxford U	D 1-1	West	7,581
34		15	(h)	Blackburn R	W 2-0	West 2	12,821
35		18	(h)	Brighton & HA	W 1-0	Bartlett	11,586
36		25	(a)	Swindon T	D 0-0		12,240
37		27	(h)	Oldham A	W 3-1	West, Bartlett, Anderson (pen)	13,812
38	Apr	1	(a)	Walsall	D 0-0		9,520
39		4	(a)	Stoke C	D 0-0		11,151
40		8	(h)	Chelsea	L 2-3	Anderson, Ford	22,858
41		15	(h)	Plymouth A	D 2-2	Brown (og), West	11,358
42		22	(a)	Ipswich T	L 1-2	West	12,047
43		29	(a)	Crystal Palace	L 0-1		13,728
44	May	1	(h)	Portsmouth	W 3-0	Anderson (pen), West 2	9,586
45		6	(h)	Sunderland	D 0-0		10,451
46		13	(a)	Hull C	W 1-0	Bartlett	5,217

FINAL LEAGUE POSITION: 9th in Division Two

Appearances
Sub. Appearances
Goals

50

Naylor	Bradley	Albiston	Talbot	Dyson	North	Hopkins	Goodman	Paskin	Palmer	Anderson	Gray	Hodson	Burrows	Robson	Whyte	Cork	Phillips	Durnin	Dobbins	Bradshaw	Rice	Cartwright	Bartlett	West	Walford	Ford	Banks	Raven	
1	2	3	4	5	6	7	8	9	10	11																			1
1	2	3	4	5	6	7		9	10	11	8																		2
1	4	3		6†	5	7	8	9*	10	11	12	2	14																3
1	12†	3			6	7	8		10	11	9*	2	14	4	5														4
1			4		6	7	8	9†	10	11		2*	3	12	5	14													5
1		2	4		6	7	8	9*	10	11			3		5	12													6
1		2	4		6	7	8		10*	11			3		5	12	9												7
1		2	4		6	7	8		10	11			3		5		9												8
1		2	4		6	7	8		10	11			3		5		9												9
1	12	2	4		6	7*			10	11			3	14	5	8†	9												10
1	12	2	4		6	7*			10	11			3	8	5		9												11
1	2	3	4		6	7			10	11				8	5		9												12
1		3	4		6	7			10	11				8	5		9	2											13
1		3	4		6	7	12		10	11				8	5		9*	2											14
1		3	4		6	7	12		10	11				8	5		9*	2											15
1	2	3	4		6	7	11	12	10					8*	5		9												16
1	2	3	4		6	7	8	12	10	11				9*	5														17
1	2	3	4*		6	7	8	12	10	11				9	5														18
1	7	3	4		6		8	12	10	11		2		9*	5														9
1	7*	3	4		6		8	12	10	11		2		9	5														20
1		3	4		6		8	10		11		2		9	5			7											21
1		3			6	7	8	10		11		2		9	5			4											22
1		3	4		6	7	8	10		11		2		9	5														23
		3	4		6	7	8	12	10	11		2†		9*	5				14	1									24
	11	3	4		6	7		8	10					9	5				2*	1	12								25
1	2†	3	4		6	7		8*	10					9	5				14		11	12							26
1		3	4		6	7		8	10					9	5				2		11								27
1		3	4*		6	7	8	12	10	11				9	5				2										28
1		3	4		6	7	8		10	11				2	5									9					29
1	2	3	4		6	7	8*			11				10	5									12	9				30
1	2	3*			6	7	8			11				4	5				12					10	9				31
1	7	3*			6		8	12		11				4†	5				2					10	9	14			32
1	7				6		8			11				4	5				2					10	9	3			33
1	2	3	4		6		8			11				7	5									10	9				34
1	2	3	4		6	12	8			11				7*	5									10	9				35
1	2	3	4		6		8*			11				10										12	9	5	7		36
1	2	3	4†		6		8*			11				10	5									12	9	7	14†		37
1	2	3	4		6					11				10										8	9	5	7		38
1	2	3	4		6		12			11				10†	5*									8	9	7	14		39
1	6	3	4		6	8*				11									2					12	9	7	10		40
1	2*	3	4		6	8				11				10	5									12	9	7			41
1		3			6	8*	12			11				10	5				14					7†	9	2	4		42
1		3	4		6		12	8		11*				10	5				2						9	7			43
1		3	4		6		14	8†		11				10	5									12	9*	7		2	44
1		3	4		6		14	8*		11				10†	5									12	9	7		2	45
1			4†		6		14	12		11				10	5									8*	9	7		2	46
44	23	43	39	3	46	28	30	14	26	42	2	9	7	36	40	1	5	5	12	2	2		10	17	3	11	2	3	
	3					1	6	11			1			2	2			3			4	1	1	7		1	2		
		2	2	1		5	15	5		6				8	3		2	2				3	8		1				

1989-90

#	Month	Date	H/A	Opponent	Result	Score	Scorers	Attendance
1	Aug	19	(h)	Sheffield U	L	0-3		14,907
2		22	(a)	Bournemouth	D	1-1	Goodman	8,226
3		26	(a)	Port Vale	L	1-2	Whyte	7,695
4	Sep	2	(h)	Sunderland	D	1-1	Goodman	10,885
5		9	(a)	Leicester C	W	3-1	West, Whyte, Goodman	10,700
6		16	(h)	Oxford U	W	3-2	Robson, Greenall (og), Bradley	9,628
7		23	(a)	Oldham A	L	1-2	West	6,907
8		27	(h)	Blackburn R	D	2-2	Goodman, Ford	9,269
9		30	(a)	West Ham U	W	3-2	Ford, McNally 2 (1 pen)	19,739
10	Oct	7	(a)	Watford	W	2-0	Thomas, Whyte	10,444
11		15	(h)	Wolverhampton W	L	1-2	Talbot	21,316
12		17	(a)	Stoke C	L	1-2	Bartlett	11,991
13		21	(h)	Hull C	D	1-1	Parkin	9,228
14		28	(a)	Middlesbrough	D	0-0		14,076
15	Nov	1	(h)	Newcastle U	L	1-5	Goodman	12,339
16		4	(a)	Ipswich T	L	1-3	Goodman	12,028
17		11	(h)	Barnsley	W	7-0	Goodman 3, Ford, Bartlett 2, McNally (pen)	9,317
18		18	(a)	Portsmouth	D	1-1	McNally (pen)	9,069
19		25	(h)	Leeds U	W	2-1	Goodman, Bartlett	15,116
20	Dec	2	(a)	Sheffield U	L	1-3	Robson	14,094
21		9	(h)	Bournemouth	D	2-2	Goodman, Bartlett	8,568
22		17	(h)	Swindon T	L	1-2	Goodman (pen)	9,884
23		26	(a)	Plymouth A	D	2-2	Goodman 2	9,782
24		30	(a)	Bradford C	L	0-2		8,560
25	Jan	1	(h)	Brighton & HA	W	3-0	Robson, Bartlett, West	9,407
26		13	(h)	Port Vale	L	2-3	Goodman, Ford	13,575
27		20	(a)	Sunderland	D	1-1	Robson	15,583
28	Feb	3	(h)	Oldham A	D	2-2	Robson, West	12,237
29		10	(a)	Oxford U	W	1-0	Shakespeare	6,749
30		21	(h)	Leicester C	L	0-1		10,902
31		24	(a)	Leeds U	D	2-2	Goodman, Bartlett	30,004
32	Mar	3	(h)	Portsmouth	D	0-0		10,502
33		10	(a)	Blackburn R	L	1-2	Ford	8,148
34		14	(h)	Bradford C	W	2-0	Ford, McNally	8,017
35		17	(h)	Watford	W	2-0	Hackett, Whyte	9,915
36		20	(a)	Wolverhampton W	L	1-2	Foster	24,475
37		24	(h)	Stoke C	D	1-1	Ford	12,771
38		31	(a)	Hull C	W	2-0	Goodman, Hackett	5,418
39	Apr	4	(h)	West Ham U	L	1-3	Goodman	11,556
40		7	(h)	Middlesbrough	D	0-0		9,458
41		11	(a)	Newcastle U	L	1-2	Goodman	19,460
42		14	(a)	Brighton & HA	W	3-0	Goodman, Ford, Bannister	8,371
43		16	(h)	Plymouth A	L	0-3		9,728
44		21	(a)	Swindon T	L	1-2	Goodman	8,495
45		28	(a)	Barnsley	D	2-2	Tiler (og), Bradley	10,334
46	May	5	(h)	Ipswich T	L	1-3	Bannister	11,567

FINAL LEAGUE POSITION: 20th in Division Two

Appearances

Sub. Appearances

Goals

Bradshaw	Bradley	Parkin	Talbot	Whyte	North	Ford	Goodman	West	McNally	Anderson	Robson	Thomas	Burgess	Marriott	Naylor	Barham	Bartlett	Hodson	Allardyce	Harbey	Bennett	Raven	Anderson	Dobbins	Cartwright	Foster	Shakespeare	Hackett	Bannister	
1	2	3	4*	5	6	7	8†	9	10	11	12	14																		1
1	2	3		5	6	7	8	9*	10	11	4	12																		2
1	6	3	12	5		7	8	9	10*	11†	4	14	2																	3
1†	6	3	12	5		7	8*	9	10	11	4	14	2																	4
	6	3	12	5		7	8	9	10	11	4*		2	1																5
	6	3		5	12	7	8	9	10	11	4†	14	2*	1																6
	2			5	6	7	8	9	10	11*	4	12	3	1																7
	2		12	5	6	7	8	9*	10	11†	4	14	3		1															8
	2		12	5	6	7	8		10	11	4*	9	3		1															9
	2		4	5	6	11			10			9	3		1	7	8													10
	2*		4	5	6	11	8		10		12	9	3		1	7														11
		2	12	5	6	7	8		10		4*	9	3		1	11†	14													12
		2	12	5	6	7	8		10		4	9	3		1	11*														13
		2	4	5	6	7	8		10		11	9			1			3												14
		2	4	5	6	7	8		10	11*	9†				1		12	3	14											15
			4	5	6	11	8		10			12	2		1	7*	9	3												16
		11	4	6		7	8		10			14	12		1		9†	2		3	5*									17
		11	4	6		7	8		10						1		9	2		3	5									18
		11	4*	6		7	8		10		12		2		1		9			3	5									19
		11	4*	6		7	8		10		12	14	2		1		9†			3	5									20
				6		7	8	12	10	11†	4		2		1		9*			3	5	14								21
				6	12	7	8	9	10	11†	4		2		1		14			3	5*									22
				6	5	7	8	9	10	11†	4*				1		14			3				2	12					23
				6	5	7	8		10*	11†	4	9			1		14			3				2	12					24
				6	5	7	8	9	10		4				1		11			3				2						25
				6		7	8	9	10		4				1		11			3	5	2								26
			14	6		7	8	9	10†		4		12		1		11			3	5	2*								27
				6	5	7*		9	10		4		2		1		11			3				12	8					28
				6	5			9	10		4		2		1		11			3				8	7					29
	14		4†	6	5		8	9*	10				2		1					3				11	12	7				30
	4				5		8	12	10				6		1		11	2		3					9*	7				31
	4				5		8*	9	10				6		1		11			3					7	12				32
				14	5	7		9*	10				6†		1			2		3				12	4	11	8			33
	12				6	5	7		10*				2		1					3				9	4	11	8			34
	10				6	5	7						2		1					3				9	4	11	8			35
	10†				6	5	7	12					2		1					3				14	9*	4	11	8		36
	10				6	5	7	8					2		1					3					4	11	9			37
	10				6	5	7	8					2*		1					3				12	4	11	9			38
	2				6	5	7	8							1					3				10	12	4	11*			39
	2				6	5	7	8	10						1					3					4	11	9			40
	2				6	5	7	8	10				14		1					3				12	4	11†	9*			41
	11				6	5	7	8	10				2		1					3				12	4		9*			42
	11				6	5	7	8	10				2*		1					3				14	4	12	9†			43
	11				6	5	7	8	10						1		2			3				9	4*	12				44
	11				6		7	8	10				5		1		2*			3					4	12	9			45
	2*		4†		6		7	8	10				5		1					3				14	11	12	9			46
4	25	14	12	43	32	42	39	18	41	13	21	8	31	3	39	4	15	10	30	1	7	5	2	7	18	9	13			
	2		8	1	2			3			4	10	3				5		1				1	5	7		5			
	2	1	1	4		8	21	4	5		5	1			7									1	1	2	2			

53

1990-91

1	Aug	25	(a)	Portsmouth	D 1-1	Ford	12,008
2	Sep	1	(h)	Ipswich T	L 1-2	Bannister	10,318
3		8	(a)	Oxford U	W 3-1	Bannister, West 2	5,225
4		15	(h)	Bristol C	W 2-1	Bannister, Harbey	12,081
5		22	(a)	Hull C	D 1-1	McNally	5,953
6		29	(h)	Oldham A	D 0-0		13,782
7	Oct	2	(a)	Plymouth A	L 0-2		5,617
8		6	(a)	Millwall	L 1-4	West	10,718
9		13	(h)	Brighton & HA	D 1-1	Gatting (og)	9,833
10		20	(h)	Barnsley	D 1-1	West (pen)	9,577
11		22	(a)	Port Vale	W 2-1	Bannister, West (pen)	8,824
12		27	(a)	Newcastle U	D 1-1	Anderson	14,774
13	Nov	3	(h)	Bristol R	W 3-1	West 2, Anderson	10,997
14		6	(h)	Middlesbrough	L 0-1		10,521
15		10	(a)	Notts Co	L 3-4	Bannister 2, Bradley	8,162
16		17	(h)	Blackburn R	W 2-0	Bannister, West	6,985
17		24	(h)	Sheffield W	L 1-2	Robson	16,546
18	Dec	1	(a)	West Ham U	L 1-3	Ford	24,753
19		5	(h)	Watford	D 1-1	Roberts (pen)	7,657
20		15	(h)	Portsmouth	D 0-0		7,856
21		22	(a)	Swindon T	L 1-2	Roberts (pen)	7,798
22		26	(h)	Charlton A	W 1-0	Goodman	9,305
23		29	(h)	Wolverhampton W	D 1-1	Bannister	28,497
24	Jan	1	(a)	Leicester C	L 1-2	Ford	12,210
25		12	(a)	Ipswich T	L 0-1		11,036
26		19	(h)	Oxford U	W 2-0	Bannister, Shakespeare	8,017
27	Feb	2	(a)	Bristol C	L 0-2		11,492
28		16	(a)	Blackburn R	W 3-0	Robson, Goodman 2	7,695
29		19	(a)	Middlesbrough	L 2-3	Bannister 2	15,334
30		23	(h)	Notts Co	D 2-2	Bannister 2	11,068
31	Mar	2	(h)	West Ham U	L 0-0		16,089
32		9	(a)	Sheffield W	L 0-1		26,934
33		13	(h)	Plymouth A	L 1-2	Palmer	8,673
34		16	(a)	Oldham A	L 1-2	Ford	12,584
35		20	(a)	Brighton & HA	L 0-2		6,676
36		23	(h)	Millwall	L 0-1		9,116
37		30	(a)	Charlton A	L 0-2		5,686
38	Apr	1	(h)	Swindon T	W 2-1	Parkin, Roberts (pen)	10,415
39		6	(a)	Wolverhampton W	D 2-2	Goodman, Ford	22,982
40		10	(h)	Hull C	D 1-1	Roberts	10,356
41		13	(h)	Leicester C	W 2-1	White, Goodman	13,991
42		20	(a)	Barnsley	D 1-1	Strodder	9,593
43		23	(a)	Watford	D 1-1	Goodman	15,054
44		27	(a)	Port Vale	D 1-1	Goodman	13,650
45	May	4	(h)	Newcastle U	D 1-1	Goddman	16,706
46		11	(a)	Bristol R	D 1-1	Ampadu	7,595

FINAL LEAGUE POSITION: 23rd in Division Two

Appearances

Sub. Appearances

Goals

Naylor	Hodson	Harbey	Robson	Burgess	Strodder	Ford	Goodman	Bannister	Bradley	Shakespeare	Hackett	West	McNally	Hawker	Raven	Ehiogu	Anderson	Foster	Dobbins	Palmer	Roberts	Parkin	Rees	Rogers	Williams	White	Ampadu	
1	2	3	4*	5	6	7	8	9	10	11	12																	1
1	2	3	4	5	6	7		9	10	11*	12	8																2
1	2	3	4	5*	6	7		9	10	11		8	12															3
1	2	3	4*		6	7	12	9	5	11		8	10															4
1	2		4			7	12†	9	5	11		8*	10	3	6	14												5
1	2	3	4		6	7		9	5	11		8	10															6
1	2	3	4		6	7		9	5	11*	12	8	10															7
1		3	4		6	7*		9	5	11†	12	8	10		2		14											8
1		3	4	2	6	7†		9*	5			8	10					11	12	14								9
1		3	4	2	6	7		9	5			8	10					11										10
1		3	4	2	6	7		9	5			8	10					11										11
1		3	4	2	6	7		9	5			8	10				11*		12									12
1		3	4	2	6	7		9	5*	14		8	10				11†		12									13
1	12		4*	2	6	7		9	5	11		8	10							3								14
1	12		4	2	6	7		9	5			8	10				11†		3*	14								15
1		3	2		6	7	12	9*	5			8	10					11			4							16
1		3	2	14	6	7	12	9*	5			8	10†					11			4							17
1		3	2		6	7	12	9	5			8					11*				4	10						18
1		3	2	6		7	8*	9	5	14		12					11†				4	10						19
1	14	3	2†			7	8*	12	5			9	10		6			11			4							20
1	2	3	9			7	8*	12	5				10		6			11†			4	14						21
1		3	11†		6	7	8*	9	5	2		12	10								4	14						22
1		3	11		6	7		9	5	2		8	10								4							23
1		3	11		6	7		9†	5	2		8*	10						12		4	14						24
	14				6	7		9		2		12	10		5†		3			11*	4	8	1					25
	2				6	7		10		11		9			5		3				4	8	1					26
	2				5	7	8	9		11					6		3				4	10	1					27
	2		10*	5	14	7	8†	9	6	11			12								4	3	1					28
	2		10	5		7	8*	9	6	11			12								4	3	1					29
	2		10	5	14	7		9	6	3			12					11†			4	8*	1					30
	2		10	5		7		9	6	3								11			4	8	1					31
	2			5	14	7		9		3*		10†	12					11		6	4	8	1					32
	2		3	5		7		9		14					12			11		6†	10*	4	8	1				33
	2		14	5		7		9	6	3								12	11	10*	4†	8	1					34
	2†			5	10	7		9	6	3	12						8*		11	4		1	14					35
	2				5	7		9	6	10		8		4†	14		12		11*			1	3					36
					5	7	10		6	3					4						8	1	2	9	11*	12		37
			5*			7	10	8	2	11			12		3				4	6		1		9				38
	2		5			7	10	8*	14	11					3				4	6		1		9†	12			39
	2		5			7	10*	8		11		12			3				4	6		1		9				40
	2		5†			7	12	8*	3	11									4	6		1		9	10	14		41
	2				14	7	8*	12	3†	11									4	6		1		9	10	5		42
1	2				5	7	8			11			3					4	6					9	10*	12		43
1	2		10*		5	7	8	12	3	14								4†	6					9		11		44
1	2			4	5	7	8†	12	3	10									6					9	14	11*		45
1					5	7		12	3	11		10*		2			8		6		4†	9				14		46
28	26	21	30	24	30	46	16	38	38	32		24	20	1	11		22	2	5	5	27	22	18	3	10	4	3	
	4		1	1	4		6	6	1	4	5	4	5		2	2	1	3	3	2		3	1		2	4		
		1	2		1	5	8	13	1	1		8	1			2		1	4	1				1	1			

1991-92

1	Aug	17	(h)	Exeter C	W	6-3	Shakespeare 2 (2 pen), Goodman 2, Foster, Williams	12,892
2		24	(a)	Darlington	W	1-0	Goodman	5,658
3		31	(h)	Wigan A	D	1-1	McNally	12,053
4	Sep	3	(a)	Fulham	D	0-0		4,523
5		7	(a)	Bolton W	L	0-3		7,980
6		14	(h)	Stockport Co	W	1-0	Williams	11,845
7		17	(h)	Peterborough U	W	4-0	Robson 2, Williams, Bowen	10,037
8		21	(a)	Chester C	W	2-1	Robson, Burgess	3,895
9		28	(h)	Hull C	W	1-0	Burgess	11,932
10	Oct	1	(a)	Preston NE	L	0-2		5,293
11		12	(h)	Shrewsbury T	W	2-0	Goodman, West	12,457
12		19	(a)	Brentford	W	2-1	Ampadu, Goodman	8,575
13		26	(h)	Birmingham C	L	0-1		26,168
14	Nov	2	(h)	Bury	D	1-1	Robson	8,439
15		5	(a)	Hartlepool U	D	0-0		2,810
16		9	(a)	Reading	W	2-1	Robson, Goodman	5,826
17		23	(h)	Huddersfield T	W	2-1	Robson, Harbey	14,029
18		30	(a)	Stoke C	D	2-2	Shakespeare, Goodman	17,207
19	Dec	14	(a)	Bradford C	D	1-1	Bradley	7,195
20		22	(h)	Darlington	W	3-1	Strodder, Sinclair, Fereday	13,261
21		26	(a)	Wigan A	W	1-0	Shakespeare (pen)	5,068
22		28	(a)	Exeter C	D	1-1	Shakespeare (pen)	5,830
23	Jan	1	(h)	Fulham	L	2-3	Robson, Shakespeare (pen)	16,442
24		4	(a)	Torquay U	L	0-1		4,159
25		11	(h)	Bournemouth	W	4-0	Robson, Bannister 2, Williams	10,932
26		18	(a)	Leyton Orient	D	1-1	Bradley	6,329
27		25	(h)	Swansea C	L	2-3	Roberts 2 (1 pen)	10,395
28	Feb	1	(h)	Brentford	W	2-0	Taylor, Fereday	15,984
29		8	(a)	Birmingham C	W	3-0	Robson, Taylor 2	27,508
30		12	(a)	Stoke C	L	0-1		23,645
31		15	(h)	Bradford C	D	1-1	Shakespeare	12,607
32		22	(a)	Bournemouth	L	1-2	Taylor	7,721
33		29	(h)	Torquay U	W	1-0	Hunter	11,669
34	Mar	3	(h)	Leyton Orient	L	1-3	Bannister	11,165
35		6	(a)	Swansea C	D	0-0		5,629
36		11	(h)	Hartlepool U	L	1-2	Williams	10,307
37		14	(a)	Bury	D	1-1	Taylor	3,810
38		21	(h)	Reading	W	2-0	Strodder, Raven	10,707
39		28	(a)	Huddersfield T	L	0-3		7,428
40		31	(a)	Stockport Co	L	0-3		6,090
41	Apr	4	(h)	Bolton W	D	2-2	Ampadu, Taylor	10,287
42		11	(a)	Peterborough U	D	0-0		9,040
43		18	(h)	Chester C	D	1-1	Rogers	10,137
44		20	(a)	Hull C	L	0-1		4,815
45		25	(h)	Preston NE	W	3-0	Taylor, Ampadu, West	11,318
46	May	2	(a)	Shrewsbury T	W	3-1	Strodder, Shakespeare, Taylor	7,442

FINAL LEAGUE POSITION: 7th in Division Three

Appearances

Sub. Appearances

Goals

#	Miller	Bradley	Harbey	Ford	Strodder	Burgess	Bannister	Goodman	Foster	Shakespeare	Ampadu	Williams	McNally	Piggott	Hodson	Naylor	Parkin	Robson	Bowen	Pritchard	Palmer	Hackett	West	White	Rogers	Sinclair	Fereday	Roberts	Taylor	Dibble	Raven	Hunter	Cartwright	Heggs	#
1	1	2	3	4	5	6	7	8*	9	10	11†	12	14																						1
2	1	2	3	4	5	6		8		10	11	12	7	9*																					2
3	1	2	3	4	5		8		12	10	11	9*	7		6																				3
4		2	3	4	5	6	8		11*	10	12	9	7†			1	14																		4
5			3	4	5	6		9	10	11	12	7	8*			1	2																		5
6			3	4	5	6	7*			10		12				2	1	8	9	11†	14														6
7			3	4	5	6				10†		7				2	1	8	9	11*		12	14												7
8		14	3	4	5	6				10		7		12	2†	1	8	9	11*																8
9			3	4	5	6		7		10		12				2	1	8	9*	11†	14														9
10			3	4	5	6				10		8*				2	1	7	9	11	12														10
11			3	4	5	6	8†			10		14				2	1	7		11*	12		9												11
12		7	3	4	5	6*		8		10	11		12			2	1						9												12
13		6	3	4	5			8		10	11*	12	7			2	1						9												13
14		14	3	4	5	6		8		10						2	1		12	11†	7		9*												14
15		7	3	4	5	6	12	8		10	11*					2	1		9																15
16		4†	3		5	6	12	8		10			7			2	1		9*				14	11											16
17		4	3		5	6		8		10		12	7			2	1		9*					11											17
18		4	3	5†	6		8			10		12	7			1	2	9					11*	14											18
19		4	3	5						10	12	8	7		6	1		9									2	11*							19
20		4	3	5	6	12				10	12	8	7			1		9									2	11*							20
21		4*	3	5	6			14	10	12	8	7			1		9†									2	11								21
22		4	3	5			9*		10	12	8	7		6	1							11†	14	2											22
23		4	3	5†					10	12	8	7*			1		9					11	6	2	14										23
24		4	3		9*				10	12	8	7		11†	1								6	2	14†	5									24
25		4	3	5	6	8			10*	11†	12			2	1		9					14		7											25
26		4	3	5	6	8								2	1		9		11					7	10										26
27		4	3	5	6	8†			12		14			2	1		9		11					7*	10										27
28		4	3		6				5		14	12		2	1		9*		11					7	10	8†									28
29		4	3		6				5			12		2	1		9		11					7*	10	8									29
30		4	3		6	12			5					2*	1		9		11					7	10	8									30
31		4†	3		6			12	5					2	1		9		11*				14	7	10	8									31
32		4	3		6			12	5					2†	1		9	11*					14	7	10	8									32
33		4	3		6				5		12				1		9		11*				7	10†	8	1	2	14							33
34		4	3*		6	9			5		12	11†			1		7							10	8	1	2	14							34
35		4	3		6	9			5			11			1		7								10	8	1	2							35
36		4	3	5	6	9			14		12	11*			1		7						2†	10	8	1									36
37			3	4	6				5	9									10					8	1	2		7	11						37
38		4	3	5	6				10	12									7					8	1	2	14	9†	11*						38
39		4	3	5	6				10	12			14						7*					8	1	2		9†	11						39
40			3	5	6				10	11*	12			2†		9			7					8	1	14	4								40
41		4	3	5	6				10	11	9								7					12	8	1*		2							41
42		4	3	5	6				10	11	9			1		12			7*					2	8										42
43		4	3	5					10	11*	9			1		6			7†	12		14		2	8										43
44		4	3	5					10	11†	9*			1		6			7	12		14		2	8										44
45		4†	3	5					11			12		1		10			7	9		6		2	8*			14							45
46			3	5					4	11			9	1		10			7			6		2	8										46
	3	35	46	15	37	36	11	11	4	42	15	16	17	3	25	34	8	29	8	1		13	5	9	4	6	19	12	19	9	6	2	3	3	
		2				4		4	2	6	18	4	2			1	3		4	1	2	2	1	6		3					1	4			
		2	1		3	2	3	7	1	8	3	5	1			9	1			2		1	1	2	2	8		1	1						

57

1992-93

1	Aug	15	(h)	Blackpool	W	3-1	Taylor 2, McNally	16,527
2		22	(a)	Huddersfield T	W	1-0	Garner	7,947
3		29	(h)	Bournemouth	W	2-1	Taylor, Shakespeare (pen)	12,563
4	Sep	2	(h)	Stockport Co	W	3-0	Garner 2, Hamilton	12,305
5		5	(a)	Fulham	D	1-1	Taylor	9,143
6		9	(h)	Reading	W	3-0	Garner, Taylor, Shakespeare	13,164
7		15	(a)	Bolton W	W	2-0	Taylor 2	8,531
8		19	(a)	Stoke C	L	3-4	Taylor 2, Garner	18,764
9		26	(h)	Exeter C	W	2-0	Hamilton, McNally	14,676
10	Oct	3	(a)	Burnley	L	1-2	Garner	14,796
11		10	(h)	Port Vale	L	0-1		17,512
12		17	(a)	Wigan W	L	0-1		4,408
13		24	(h)	Rotherham U	D	2-2	Taylor, Donovan	13,170
14		31	(a)	Hull C	W	2-1	Garner, Bradley	5,443
15	Nov	3	(h)	Hartlepool	W	3-1	Taylor, Blissett, Robson	13,046
16		7	(a)	Leyton Orient	L	0-2		8,640
17		21	(h)	Bradford C	D	1-1	Raven	15,416
18		28	(a)	Preston NE	D	1-1	Robson	6,306
19	Dec	12	(a)	Swansea C	D	0-0		5,610
20		20	(h)	Mansfield T	W	2-0	McNally, Dickens	13,134
21		26	(h)	Chester C	W	2-0	Raven 2	15,209
22		28	(a)	Plymouth A	D	0-0		11,370
23	Jan	9	(h)	Bolton W	W	3-1	Hamilton, Strodder, Taylor	14,581
24		16	(a)	Exeter C	W	3-2	Heggs, Hackett, Hamilton (pen)	5,437
25		23	(h)	Stoke C	L	1-2	Taylor	29,341
26		26	(a)	Bournemouth	W	1-0	Speedie	5,687
27		30	(h)	Huddersfield T	D	2-2	Donovan, Speedie	13,667
28	Feb	6	(a)	Blackpool	L	1-2	Taylor	9,386
29		13	(h)	Fulham	W	4-0	Taylor (pen), Hamilton, Mellon, Fereday	12,859
30		20	(a)	Stockport Co	L	1-5	Taylor	7,181
31		27	(a)	Port Vale	L	1-2	Hamilton	13,291
32	Mar	6	(h)	Burnley	W	2-0	Garner, Taylor	15,722
33		10	(a)	Brighton & HA	L	1-3	Taylor (pen)	7,440
34		13	(h)	Leyton Orient	W	2-0	Burgess, Donovan	15,023
35		20	(a)	Hartlepool U	D	2-2	Hamilton, Raven	4,174
36		24	(h)	Preston NE	W	3-2	Taylor 2, Mellon	13,270
37		28	(a)	Bradford C	D	2-2	Taylor (pen), Hunt	6,627
38	Apr	3	(h)	Brighton & HA	W	3-1	Hunt 3	13,002
39		7	(h)	Swansea C	W	3-0	Taylor 2, Hunt	13,401
40		10	(a)	Chester C	W	3-1	Hunt, Raven, Donovan	4,812
41		12	(h)	Plymouth A	L	2-5	Taylor, Donovan	16,130
42		17	(a)	Mansfield T	W	3-0	Hunt, Taylor, Heggs	6,659
43		21	(a)	Reading	D	1-1	Taylor	8,026
44		24	(h)	Wigan A	W	5-1	Taylor 2, Mellon, Donovan, Raven	14,867
45	May	1	(a)	Rotherham U	W	2-0	Raven, Taylor	8,059
46		8	(h)	Hull C	W	3-1	Taylor, Hunt 2	20,122

FINAL LEAGUE POSITION: 4th in Division Two

Appearances

Sub. Appearances

Goals

58

Naylor	Fereday	Lilwall	Hunter	Strodder	Shakespeare	Garner	Hamilton	Taylor	McNally	Robson	Hodson	Bradley	Ampadu	Hackett	Raven	Coldicott	Heggs	Donovan	Blissett	Burgess	Reid	Dickens	Speedie	Lange	Mellon	Hunt	Darton	#
1	2*	3	4	5	6	7	8	9	10	11	12																	1
1		3		5	6	7*	8	9	10	11	2	4	12															2
1	2	3		5	6	10	8	9		11		4*	14	7†	12													3
1		3		5		7	8	9	10	11		4			6	2												4
1		3		5	12	7	8	9	10	11*		4			6	2												5
1		3		5	6	7	8	9		11		4			10	2												6
1		3	5†	6		7	8	9	10	11*		4		12	2	14												7
1	14	3†			6	7	8	9	10	11		4		12	5	2*												8
1	2†	3			6	7*	8	9	10	11		4			5	14	12											9
1	2*	3			6	7	8	9	10	11†		4			5	14	12											10
1	2†	3	6		7	8	9	10	11*		4			5	14		12											11
1		3	6			8	9	10	11		4	12		5	2	7*												12
1		3	14	6†		8	9	10			4	12		5	2	7	11											13
1	14	3	6		7†	8	9	10	12		4	11†		5	2													14
1	2†	3	6	7†		8	9	10	12		4			5						11	14							15
1		3	6			8	9	10	7		4			5						11	2							16
1		3	6		7	8	9	10			4			5			11	2										17
1	14	3	6		7	8	9	10	12		4			5	2†		11*											18
1		3	6	7*		8	9	10	12		4			5				2	11									19
1		3	6			8	9	10			4			5		7		2	11									20
1		3	6	12	14	8	9	10		4*				5		7		2	11†									21
1		3	6	4	14	8	9	10	11			12	5		7†		2*											22
1	2	3	6			8	9	10	12†	4		7*	5		14	11												23
1	2	3		6†		8	9	10	12	4		7	5*		14	11												24
1	2	3	6			8†	9	10		4		12	5		14	11*						7						25
1	2	3	6			8	9	10		4		11*	5		12							7						26
	2	3	6			8	9	10		4†		12	5		14	11						7*	1					27
1	2	3	6			8	9	10*		4		12	5			11						7						28
1	2	3	6			8	9†	10		4	12		5		14	11*						7						29
1		3	6			8	9	10	2	4	12		5			11						7*						30
1		3	6			8	9		2*				5	2	14	11						7†		10				31
1		3		7*	8	9	4				14		5	2	12	11	6						10					32
1		3		7*	8	9		4				4		5		12	11	6						10†				33
		3	12	7*	8	9				4	14		5			11	6	2		1		10						34
		3	12	7*	8	9				4	14		5			11	6	2†		1		10						35
		3		7*	8	9				4		5	12			11	6	2		1		10†						36
		3		7*	8	9	10†			4		5				11	6	2		1		12	14					37
		3			14	8	9	12		4		5				11	6	2*		1		10†	7	3				38
		3			14*	8	9†	2		4		5				11	6	12		1		10	7	3				39
	3				8	9	2		4		5	14	11	6	12				1	10*	7†							40
		3				8	9	2		4		5*	14	11	6	12				1		10†	7					41
		3				8*	9	4		12		5	14	11	6	2				1		10	7†					42
		3				8	9	2	4*			5	14	11	6	12				1		10	7†					43
		3				8	9	2		4		5	12	11	6					1		10	7†					44
		3				8	9	2		4		5	14	11	6	12				1		10*	7†					45
		3				8	9	2		4		5		11	6					1		10	7					46
32	13	44	1	26	12	21	46	46	39	16	1	41	1	4	43	10		30	3	17	10	3	7	14	15	9	2	
	3			3	2	4			1	6	1	1	9	6	1	4	17	2		1	5			2	1			
	1			1	2	8	7	30	3	2		1		1	7		2	6	1	1		1	2		3	9		

1993-94

1	Aug	14	(a)	Barnsley	D	1-1	Donovan	12,940
2		21	(h)	Oxford U	W	3-1	Hunt, Donovan, O'Regan	17,227
3		28	(a)	Stoke C	L	0-1		17,948
4	Sep	1	(h)	Southend U	D	2-2	Taylor 2	14,482
5		5	(h)	Wolverhampton W	W	3-2	Raven, Bradley, Donovan	25,615
6		11	(a)	Notts Co	L	0-1		9,870
7		18	(h)	Crystal Palace	L	1-4	Taylor	17,873
8		25	(h)	Middlesbrough	D	1-1	Taylor	15,766
9	Oct	3	(a)	Derby Co	L	3-5	Taylor, Hunt 2	13,370
10		9	(a)	Millwall	L	1-2	Bradley	11,010
11		16	(h)	Peterborough U	W	3-0	Taylor 2, Strodder	15,134
12		23	(a)	Sunderland	L	0-1		19,505
13		30	(h)	Watford	W	4-1	Hunt 2, Hamilton, Taylor	15,299
14	Nov	2	(a)	Tranmere R	L	0-3		7,882
15		6	(h)	Bolton W	D	2-2	Hunt, Taylor (pen)	15,709
16		21	(h)	Nottingham F	L	0-2		15,581
17		27	(h)	Portsmouth	W	4-1	Taylor, O'Regan, Hunt 2	13,867
18	Dec	7	(a)	Bolton W	D	1-1	Hunt	9,277
19		11	(a)	Southend U	W	3-0	Hamilton, Taylor, Hunt	6,807
20		19	(h)	Barnsley	D	1-1	Ashcroft	16,062
21		27	(h)	Bristol C	L	0-1		22,888
22		28	(a)	Birmingham C	L	0-2		28,228
23	Jan	1	(h)	Luton T	D	1-1	Mellon	16,138
24		3	(a)	Charlton A	L	1-2	Hamilton	8,316
25		12	(a)	Leicester C	L	2-4	Strodder, Mellon	15,640
26		15	(a)	Peterborough U	L	0-2		7,757
27		22	(h)	Millwall	D	0-0		15,172
28	Feb	1	(a)	Grimsby T	D	2-2	Taylor, Fenton	4,740
29		5	(h)	Sunderland	W	2-1	Donovan, Fenton	17,089
30		12	(a)	Watford	W	1-0	Burgess	10,087
31		19	(h)	Leicester C	L	1-2	Fenton	18,513
32		25	(a)	Wolverhampton W	W	2-1	Taylor, Mardon	28,039
33	Mar	5	(h)	Stoke C	D	0-0		16,060
34		12	(a)	Crystal Palace	L	0-1		16,576
35		16	(h)	Notts Co	W	3-0	Taylor 2, Hunt	14,594
36		19	(a)	Middlesbrough	L	0-3		10,516
37		26	(h)	Derby Co	L	1-2	Donovan	17,437
38		30	(h)	Charlton A	W	2-0	Donovan, Hunt	14,091
39	Apr	2	(a)	Bristol C	D	0-0		8,624
40		12	(a)	Oxford U	D	1-1	Taylor	9,028
41		16	(h)	Tranmere R	L	1-3	Nixon (og)	15,835
42		24	(a)	Nottingham F	L	1-2	Taylor	24,018
43		27	(a)	Birmingham C	L	2-4	Donovan, Burgess	20,316
44		30	(h)	Grimsby T	W	1-0	Donovan	16,870
45	May	3	(a)	Luton T	L	2-3	Taylor, Ashcroft	10,053
46		8	(a)	Portsmouth	W	1-0	Ashcroft	17,629

FINAL LEAGUE POSITION: 21st in Division One

Appearances

Sub. Appearances

Goals

#	Lange	Coldicott	Darton	Bradley	Raven	Burgess	Hunt	Hamilton	Taylor	O'Regan	Donovan	Garner	Strodder	Fereday	Lilwall	Ampadu	Parsley	Ashcroft	Mellon	McNally	Reid	Naylor	Mardon	Williams	Hunter	Heggs	Fenton	Edwards	Smith	#
1	1	2	3†	4	5	6	7	8	9*	10	11	12	14																	1
2	1			4	5	6	7	8	9	10	11	12	14	2†	3*															2
3	1			4	5	6	7	8	9	10	11			2	3															3
4	1			4	5		7	8	9	10	11		6	2	3															4
5	1			4	5	6	7	8		10	11	9*	14	2†	3	12														5
6	1			4	5	6	7	8		10	11	9*	14	2†	3	12														6
7	1			4	5	6	7	8	9	10	11*			2	3	12														7
8	1			4	5	6	7		9	10	11			3*	8	2	12													8
9	1			4	5	6	7	8	9	10					3	2	11													9
10	1			4	5	6	7	8†	9	2	11				3		10	12												10
11	1			4		6	7	8	9	11	12	5			3	2	14	10†												11
12	1			4		6	7	8	9	11				5		3	2	12	10*											12
13	1					6	7	8	9	4	11		5		3		2	10												13
14	1					6	7	8	9	4	11	12	5*		3		2†	10		14										14
15				4		6	7	8	9	5	11			2		3		10*		12	1									15
16	1				5		7		9	8	11†	12	6						10		2		4	3	14					16
17	1				5	2	7	11	9	8								6*	10				4	3		12				17
18	1				5	2	7	11	9	8								6	10				4	3*	12					18
19	1				5	2	7	11	9	8								6	10				4	3						19
20	1				5	2	7*		8	9	11							6	10				4	3		12				20
21	1	14			5	2			11	9	8	12			3			6	10†				4			7				21
22	1	11			5	2			8	9	7	12	10		3			6					4							22
23	1	8			5	2			11	9		7			12	3		6*	10				4							23
24	1	7*			5	2			11	9†	8				14	12	3	6	10				4							24
25	1				5	2			11				8		6				10		3			4	7	9				25
26	1†				5	2			11			12	4		8		6	10		3	14				7*	9				26
27				4	5	6			8	9		11					2		10*	12	1					7	3			27
28				4		6			8	9		10					2				1	5				7	3	11		28
29				4†		6			8	9		10		12			2			14	1	5*				7	3	11		29
30	12			4		6			8	9		10					2				1	5				7	3	11		30
31	1			4		6	7			9		10					2				5				8		3	11		31
32				4	6†	2	7*		9		10			12			14			8		1	5				3	11		32
33				4	6	2	7	12	9		10									8*		1	5				3	11		33
34				4	6	2	7*	8	9		10											1	5		12		3	11		34
35				4	6	2	7	8	9		10											1	5				3	11		35
36				4*	6	2	7	8	9		10							12				1	5				3	11		36
37				4	6	2	7	8	9		10								12			1	5				3	11		37
38					6	2	7	8	9		10					5		4			1						3	11		38
39					6	2	7*	8	9	4	10		12			5					1						3	11		39
40						5	6	7†	8	9	12	10		14			2		4*		1						3	11		40
41						5	6	7	8	9		10		12			2		4		1					3*		11		41
42			3		5	6	7	8	9		10						4				1	2						11		42
43			3			6	7	8	9		10		12			5	4				1	2						11		43
44			3				6	7	8	9		10		2			5	4*		12								11		44
45	14		3			6*		8	9		10		5			2	4		12	7		1†						11		45
46	1		3			6		7	8	9		10		2			5	4*		12	11									46
	27	4	6	24	34	43	35	41	42	24	33	4	11	7	13	8	19	17	18	4	3	19	22	5	3	7	15	18		
	2	1					1			1	4	4	10	3		3	1	4	3	4	2	1			2	3				
			2	1	2	12	3	18	2	8		2			3	2				1				3						

1994-95

#	Month	Date	H/A	Opponent	Result	Score	Scorers	Attendance
1	Aug	13	(a)	Luton T	D	1-1	Taylor	8,640
2		28	(a)	Wolverhampton W	L	0-2		27,764
3		31	(a)	Swindon T	D	0-0		11,188
4	Sep	10	(a)	Millwall	D	2-2	Taylor 2	8,378
5		14	(a)	Middlesbrough	L	1-2	Ashcroft	14,878
6		17	(h)	Grimsby T	D	1-1	Ashcroft	14,496
7		24	(h)	Burnley	W	1-0	Taylor	13,539
8		28	(h)	Portsmouth	L	0-2		13,545
9	Oct	2	(a)	Stoke C	L	1-4	Taylor	14,203
10		8	(h)	Sunderland	L	1-3	Ashcroft	13,717
11		15	(a)	Tranmere R	L	1-3	Hunt	7,397
12		18	(a)	Sheffield U	W	1-0	Mellon	12,713
13		22	(a)	Barnsley	L	0-2		5,082
14		29	(h)	Reading	W	2-0	Hunt, Ashcroft	14,313
15	Nov	2	(h)	Port Vale	D	0-0		14,513
16		5	(a)	Watford	L	0-1		8,419
17		13	(a)	Charlton A	D	1-1	Taylor	10,876
18		19	(h)	Oldham A	W	3-1	Donovan, Ashcroft, Taylor	14,616
19		26	(a)	Notts Co	L	0-2		10,088
20	Dec	3	(h)	Barnsley	W	2-1	Heggs, Hamilton	13,921
21		10	(a)	Sheffield U	L	0-2		13,891
22		18	(h)	Luton T	W	1-0	Donovan	14,392
23		26	(h)	Bristol C	W	1-0	Munro (og)	21,071
24		27	(a)	Southend U	L	1-2	Ashcroft	6,856
25		31	(h)	Bolton W	W	1-0	Hunt	18,184
26	Jan	2	(a)	Derby Co	D	1-1	Hamilton	16,035
27		14	(a)	Reading	W	2-0	Hunt, Donovan	9,390
28	Feb	1	(h)	Watford	L	0-1		15,754
29		5	(h)	Charlton A	L	0-1		12,084
30		11	(a)	Port Vale	L	0-1		10,751
31		18	(h)	Notts Co	W	3-2	Mardon, Hunt 2	13,748
32		21	(a)	Oldham A	L	0-1		7,690
33		25	(h)	Stoke C	L	1-3	Hamilton	16,591
34	Mar	4	(a)	Burnley	D	1-1	Hunt	11,885
35		8	(a)	Portsmouth	W	2-1	Taylor 2	7,160
36		15	(h)	Wolverhampton W	W	2-0	Ashcroft, Taylor	20,661
37		19	(h)	Swindon T	L	2-5	Hunt, Rees	12,960
38		22	(h)	Millwall	W	3-0	Hunt 3 (1 pen)	11,782
39		25	(a)	Grimsby T	W	2-0	Hunt, Donovan	7,393
40	Apr	1	(h)	Middlesbrough	L	1-3	Rees	20,256
41		8	(a)	Bolton W	L	0-1		16,207
42		15	(h)	Southend U	W	2-0	Hamilton, Strodder	14,393
43		17	(a)	Bristol C	L	0-1		8,777
44		22	(h)	Derby Co	D	0-0		15,265
45		30	(h)	Tranmere R	W	5-1	Donovan, Ashcroft 3 (1 pen), Taylor	17,486
46	May	7	(a)	Sunderland	D	2-2	Hunt, Agnew	18,232

FINAL LEAGUE POSITION: 19th in Division One

Appearances
Sub. Appearances
Goals

Naylor	Parsley	Edwards	Phelan	Herbert	Burgess	Ashcroft	Hamilton	Taylor	Heggs	McNally	Donovan	Darton	Mellon	Strodder	Lilwall	Boere	Smith	Coldicott	Mardon	Hunt	O'Regan	Raven	Bradley	Rees	Lange	Agnew	
1	2	3	4	5	6	7*	8	9	10	11	12																1
1	2		4	5	6	12	8	9	10	7†	11																2
1	2		4		6		8	9	10			7	3	14													3
1			4	6	2	8†		9		12		3	11	5													4
1				6	2*	8		9				3	5	7	10	11*	14										5
1	12			6		8		9				3	5	7	10	11	4	12									6
1	2		4	6		8*		9		12	11	3	5	7	10	11†	4	2	14								7
1	2		4	6		8		9		12	11	3*	5	14	10				7								8
1	2		4	6		8		9		10*			5	14	10				7								9
1	2		4			8		9	12			11	5	3		11	12		7								10
1	2	6				8		9	12			11	5	3		10*	6		7								11
1	2	6				8		9				11		3		10*		4	7								12
1	2	6	12			8		9	14			10	5	3		10	4	5*	7	12							13
1	2	3	4			8	11	9		7						11†	4		7								14
1	2	3	4			8	11	9		7		12					5	10		6							15
1	2	3	4			8	11	9	12	7†							5	10		6							16
1	2	3	4†			8	11	9	12	7							5	10*		6	14						17
1		3				8	11	9	10*	7	4						5	10*	14	6							18
1	12	3				8	11	9	14	7	4						5	12	2	6							19
1		3				8	11	9	10†	7†	4						5		2	6		10					20
1						8	11	9	10*	7	4			3			5	12	2	6	14						21
1	12					8	11	9†	14	7				3			5	14	2	6	12						22
1		6				8	11	12	9	7				3			5	10	2		4						3
1	12	6				8	11	9		7				3		14	5	10	2†		4						24
1	2	3				8	11	9		7						12	5	10		6	4*						25
1	2	3				8	11	9†		7						12	5	10		6	4						26
1	2	3				8	11			7						12	5	10	14	6	4	14					27
1	2†	3	12				11	9		14	7					8	5	10	4	6	4†	9					28
1						14	11	12			7			3		8†	5	10*	2	6							29
		3	11		2	8		9			7						5	10		6	4	9	15				30
		3	12		2	8	11	9			7						5	10		6	4	12	1				31
		3*	4		2	8†	11	9			12					7	5	10		6	4		1				32
	2				2	8	11	9		7†								10	12	6		14	1				33
1			4		2		11						5			8		10	7	6	4	14	1	3			34
1			4		2		11	9		12	8						5	10	7	6		9		3			35
1			4*		2	8	11	9			7						5	10	12	6				3			36
1					2	8	11	9*		4	7						5†	10	14	6		12		3			37
1					2	8	11			4	7						5	10		6		9		3			38
1					2		11			4	7		8				5*	10	12	6		9		3			39
1					2	8	11	12		4†	7			5					10	14	6	9*		3			40
1					2		11	12		4†	7			5	8		14		10	6		9*		3			41
1					2		11	9			7			5		8			10	6	4			3			42
1					2		11	9			7			5			12†	3	10	4	6*	14		8			43
1					2	8	11	9			7			5			10	4		6				3			44
1					2	8	11	9			7			5			10†	4		14	6	12		3			45
1					2	8	11	9			7			5			10†	5*		14	6	12		3			46
42	19	20	17	8	22	36	35	38	7	16	31	7	5	19	14	5	16	9	27	33	12	31	11	8	4	14	
	4		3			2		4	7	5	2		2		2	5	6	2	1	6	8		5	6	1		
						10	4	11	1		5		1	1			1	13			2		1				

1995-96

#	Month	Date	H/A	Opponent	Result		Scorers	Attendance
1	Aug	12	(h)	Charlton A	W	1-0	Gilbert	14,688
2		20	(a)	Wolverhampton W	D	1-1	Taylor	26,329
3		26	(h)	Ipswich T	D	0-0		14,470
4		29	(a)	Southend U	L	1-2	Raven	4,621
5	Sep	2	(h)	Sheffield U	W	3-1	Burgess, Hamilton, Hunt	14,377
6		9	(a)	Oldham A	W	2-1	Taylor, Gilbert	8,397
7		12	(a)	Tranmere R	D	2-2	Hunt, Ashcroft (pen)	7,196
8		17	(h)	Birmingham C	W	1-0	Hunt	17,875
9		24	(a)	Stoke C	L	1-2	Hunt (pen)	9,612
10		30	(h)	Huddersfield T	L	1-2	Taylor	15,945
11	Oct	7	(h)	Reading	W	2-0	Gilbert, Taylor	12,956
12		14	(a)	Luton T	W	2-1	Ashcroft, Hunt	8,042
13		21	(h)	Portsmouth	W	2-1	Ashcroft, Hunt	16,257
14		28	(a)	Millwall	L	1-2	Hunt	9,717
15	Nov	5	(h)	Leicester C	L	2-3	Hamilton, Raven	16,071
16		11	(a)	Derby Co	L	0-3		13,765
17		18	(a)	Grimsby T	L	0-1		8,155
18		21	(h)	Norwich C	L	1-4	Hunt	13,680
19		25	(h)	Sunderland	L	0-1		15,931
20	Dec	2	(a)	Reading	L	1-3	Ashcroft	7,910
21		9	(h)	Stoke C	L	0-1		14,819
22		16	(a)	Huddersfield T	L	1-4	Hamilton	12,664
23		23	(h)	Crystal Palace	L	2-3	Hunt, Darby	13,103
24		26	(a)	Port Vale	L	1-3	Gilbert	10,807
25	Jan	13	(h)	Wolverhampton W	D	0-0		21,642
26		20	(a)	Charlton A	L	1-4	Hunt (pen)	11,864
27	Feb	3	(a)	Ipswich T	L	1-2	Taylor	10,798
28		10	(h)	Southend U	W	3-1	Hunt, Taylor 2	12,906
29		17	(a)	Tranmere R	D	1-1	Hunt (pen)	15,014
30		20	(a)	Sheffield U	W	2-1	Burgess, Hunt	10,944
31		27	(h)	Oldham A	W	1-0	Taylor	10,959
32	Mar	2	(h)	Port Vale	D	1-1	Taylor	13,707
33		9	(a)	Crystal Palace	L	0-1		18,336
34		12	(h)	Watford	D	4-4	Taylor 3, Snoekes	11,836
35		16	(h)	Barnsley	W	2-1	Raven, Snoekes	12,701
36		20	(a)	Birmingham C	D	1-1	Snoekes	19,147
37		23	(a)	Watford	D	1-1	Taylor	10,334
38		30	(h)	Portsmouth	W	2-0	Snoekes 2	8,126
39	Apr	2	(a)	Luton T	L	0-2		15,131
40		6	(h)	Millwall	W	1-0	Snoekes	13,793
41		9	(a)	Leicester C	W	2-1	Snoekes, Raven	17,889
42		13	(h)	Grimsby T	W	3-1	Taylor 2, Snoekes	16,116
43		20	(a)	Norwich C	D	2-2	Taylor, Snoekes	14,667
44		27	(a)	Sunderland	D	0-0		22,027
45		30	(a)	Barnsley	D	1-1	Gilbert	6,981
46	May	5	(h)	Derby Co	W	3-2	Hunt, Snoekes, Taylor	23,858

FINAL LEAGUE POSITION: 11th in Division One

Appearances

Sub. Appearances

Goals

Naylor	Burgess	Edwards	Cunnington	Mardon	Raven	Donovan	Gilbert	Taylor	Hunt	Coldicott	Smith	Hamilton	Ashcroft	Rees	Brien	Agnew	King	Reece	Fettis	Darby	Hargreaves	Phelan	Holmes	Spink	Nicholas	Sneekes	Butler	Angell	Comyn	
1	2	3	4*	5	6	7	8	9	10	11	12																			1
1	2	3		5	6	7	8	9	10	4		11																		2
1	2	3		5	6	7	8*	9	10	4		11	12																	3
1	2	3		5	6	7†	8	9	10*	4		11	12	13																4
1	2	3		5	6*	7	8	9	10	4		11	12																	5
1	2	3		5		7	8	9	10	4		11			6															6
1	2			5	6	7		9	10	4	8*	11	13	12	3†															7
1	2	3		5	6	7	8	9	10	4		11																		8
1	2	3*		5	6	7	8	9†	10	4		11	12	13																9
1	2		4*	5	6	7	8	9	10	12		11	13			3†														10
1	2		11	5	6	7	8	9		4			10			3														11
1	2		11	5	6	7	8*	9	12	4	13		10			3†														12
1	2	3	11*	5	6	7†	13	9	10	4		12	8																	13
1	2	3*		5	6		8	9	10	4	12	11	7†	13																14
1	2		12	5	6		8	9	10	4		11	7				3*													15
1	2†		4*	5	6	7	8	9	10	12		11	13				3													16
	2	12	4	5	6	7†	8	14	10			11	13	9°			3*	1												17
	2	12†		5	6	7	8	9°	10	4	14	11	13				3*	1												18
	2			5*	6	7	8†		10	12	3	11	9					1	4	13										19
	2	3			6	7*	8		10	5	12	11	9					1	4											20
1	2	5			6	12	8*	9	10	13	3	7	11†						4											21
1	2	3		5	6	7†	8	9*	10		13	11	12						4											22
1	2	14		5	6	13	8°	12	10		3	11	9*						4		7†									23
1	2			5	6	7	8*	9	10		3	11		12					4											24
1	2			5	6	7		11	9	4	3								10		8									25
1	2			5*	6	7	12	9°	10	4†	3	13	14						11		8									26
			4*		6	7	8°	13	10	12	3		14	9†					11		2	1								27
	5				6	7	8	9	10			11							4		2	1	3							28
	5*			12	6	7	8†	9	10	14		11	13				4°				2	1	3							29
	5				6	7	8	9	10*	12		11					4				2	1	3							30
	5			12	6		8*	9	10	13		11	7				4†				2	1	3							31
	5				6			9*	10†	12	8	11	7	13			4				2	1	3							32
1	5°			12	6	7	8†	9	10	13	14	11					4*				2		3							33
	5			12	6	7†	8*	9	10			11							13		2	1	3	4						34
	5				8	6		9	10	12		11							7*		2	1	3	4						35
1	5				8	6		9	10†	12		11	13						7*		2		3	4						36
1	5				8	6		9	10*	7†		11	12						13		2		3	4						37
1	5			8*	6		12	9	10			11							13		2†		3	4	7					38
1	2			5	6*	13	12	9	10			11†							7°				3	4	8	14				39
				5		12	8	9	10	2*		11									1	3	4	7			6			40
	2			5	6		12	8	9	10	8*	11									1	3	4	7						41
	2			5	6		8	9	10			11									1	3	4	7						42
	2			5		12	8	9	10†			11									8	1	3	4*	7	13				43
	2						8		10		11		5*				3				9	1		4	7	12	6			44
	2			5		12	8		10			11									9	1	3	4	7		6*			45
	6			5			8		10			11									2	1	3	4	7					46
27	45	13	8	35	40	28	35	39	44	21	9	39	11	3	2	3	4	1	3	19		1	18	15	18	13	9	3		
		3	1	4		6	5	3	1	12	7	2	15	6					3	1						3				
	2				4			5	17	14			3	4					1				10							

1996-97

#	Month	Date	H/A	Opponent	Result	Score	Scorers	Attendance
1	Aug	17	(h)	Barnsley	L	1-2	Hunt (pen)	18,561
2		24	(a)	Charlton A	D	1-1	Taylor	9,642
3		27	(a)	Crystal Palace	D	0-0		13,849
4	Sep	7	(a)	Queen's Park R	W	2-0	Peschisolido, Taylor	12,886
5		10	(h)	Reading	W	3-2	Hunt 3	13,096
6		15	(h)	Wolverhampton W	L	2-4	Hamilton, Taylor	20,711
7		21	(a)	Tranmere R	W	3-2	Gilbert, Peschisolido, Groves	7,848
8		28	(h)	Ipswich T	D	0-0		15,606
9	Oct	1	(a)	Oldham A	D	1-1	Groves	5,817
10		12	(h)	Huddersfield T	D	1-1	Hunt	14,960
11		16	(h)	Stoke C	L	0-2		16,501
12		19	(a)	Grimsby T	D	1-1	Sneekes	7,187
13		26	(h)	Bradford C	D	0-0		14,249
14		30	(a)	Swindon T	W	3-2	Holmes, Peschisolido, Sneekes	8,909
15	Nov	2	(a)	Portsmouth	L	0-4		7,354
16		9	(h)	Port Vale	D	1-1	Taylor	13,975
17		13	(a)	Sheffield U	L	1-2	Coldicott	12,167
18		16	(a)	Southend U	W	3-2	Peschisolido, Smith, Hunt	5,120
19		27	(a)	Manchester C	L	2-3	Peschisolido, Hamilton	24,200
20		30	(a)	Bradford C	D	1-1	Groves	12,003
21	Dec	8	(h)	Bolton W	D	2-2	Peschisolido, Taylor (pen)	13,082
22		18	(h)	Norwich C	W	5-1	Hamilton 2, Hunt 2, Peschisolido	12,620
23		21	(h)	Oxford U	D	3-3	Sneekes, Hunt (pen), Taylor	13,782
24		26	(a)	Reading	D	2-2	Peschisolido, Groves	10,583
25		28	(h)	Queen's Park R	W	4-1	Sneekes, Smith, Hunt, Peschisolido	19,061
26	Jan	1	(h)	Tranmere R	L	1-2	Burgess	14,770
27		12	(a)	Wolverhampton W	L	0-2		27,336
28		18	(h)	Oldham A	D	1-1	Taylor	12,103
29		25	(a)	Ipswich T	L	0-5		9,381
30	Feb	1	(a)	Port Vale	D	2-2	Peschisolido 2	8,093
31		4	(a)	Birmingham C	W	3-2	Taylor 2, Sneekes	21,600
32		8	(h)	Swindon T	L	1-2	Hunt (pen)	16,219
33		15	(a)	Norwich C	W	4-2	Peschisolido 3, Sneekes	14,845
34		22	(h)	Portsmouth	L	0-2		15,800
35	Mar	2	(h)	Bolton W	L	0-1		13,258
36		5	(h)	Southend U	W	4-0	Sneekes, Murphy, Hunt, Raven	11,792
37		8	(a)	Oxford U	L	0-1		8,502
38		16	(h)	Birmingham C	W	2-0	Sneekes, Hamilton	16,125
39		22	(h)	Charlton A	L	1-2	Hunt	14,312
40		28	(a)	Barnsley	L	0-2		12,087
41	Apr	5	(a)	Sheffield U	W	2-1	Coldicott, Taylor	15,004
42		9	(h)	Crystal Palace	W	1-0	Peschisolido	12,866
43		12	(h)	Manchester C	L	1-3	Murphy	20,087
44		19	(a)	Huddersfield T	D	0-0		12,748
45		26	(h)	Grimsby T	W	2-0	Hunt, Coldicott	15,574
46	May	4	(a)	Stoke C	L	1-2	Hunt (pen)	22,500

FINAL LEAGUE POSITION: 16th in Division One

Appearances
Sub. Appearances
Goals

	Spink	Holmes	Nicholson	Sneekes	Burgess	Raven	Hamilton	Mardon	Taylor	Hunt	Groves	Gilbert	Cunnington	Donovan	Peschisolido	Smith	Crichton	Darby	Ashcroft	Agnew	Coldicott	Butler	Murphy	Potter	Miller	Rodosthenous	Joseph	McDermott	Bennett	
1	1	2	3	4	5	6	7	8*	9	10†	11	12	13																	1
2	1	2	3	4	5	6	7		9	10†	11	8*	12	13																2
3	1	2	3	4	5	6*	7	12	9	10†	11	8	13																	3
4	1	2	3	4	5†	6	7	8	12	10	11					9*	13													4
5		2	3	4		6°	7	5	12	10*	11	13		14	9	8†	1													5
6		2	3	4	6		7	5†	12	10	11	14		13	9*	8°	1													6
7		2	3	4	6		7	5		10	11	8		12	9*		1													7
8		2	3	4	6		7	5		10	11	8*			9		1	12												8
9		2	3	4	5	6*	7†	8		10	11	12		13	9		1													9
10		2	3	4	6		7	5		10	11	8*					1	12	9											10
11		2*	3	4	6		7	5	12	10	11	8†		13			1		9											11
12		2	3	4°	5	6	7	8†	12	10*	11	13		14	9		1													12
13		2	3	4	5	6				10	11	8*		7			1	9	12											13
14		2	3	4	5	6				10	11				9*		1	7	12	8										14
15		2†	3	4°	5	6			12	10*	11			13	9		1	7	14	8										15
16		12	3	4	2	6			9†	13	11	8°		7	10		1		5*	14										16
17		2		12	5°	6	4		9†	13	11	8*		7	10		1		3	14										17
18		2			6	11				10	5	8*		7	9	12	1		3	4										18
19		2		12	5			11		13	10†	6°	14	7*	9		1	8	3	4										19
20		2		12	5		11*			10	7				9	8	1	6	3	4										20
21		2		4†	5		11		12	10*	7				9	8	1	6	3	13										21
22		2		4*	5		11			10	7				9	8	1	6	3		12									22
23		2		4	5		11		12	10	7		13		9	8	1	6*	3†											23
24		2		4	5		11		12	10*	7				9	8	1	6	3											24
25		2		4	5	6	11			10	7*			12	9	8	1	3												25
26		2		4	5*	6	11		12	10°	13			14	9	8	1	3			7†									26
27		2		4	5	6†	11		12	10	7	13			9*		1	3				8								27
28				4	2	6°	11		9	10*	13	8		7†	12		1	3	14			5								28
29		2†		8	5	6	11		9	10*				13	12		1	3			7	4								29
30		2		8	5	6	11		12	10				13	9*		1		3	7†	4									30
31		2		8	5	6	11		9	10				12			1	13	3†	7*	4									31
32		2		8	5	6	11		9*	10			13	7	12		1			3†	4									32
33		2		4	5†	6	11			10°				7	9	8*	1		3		12	13	14							33
34		2		4		6*	11			10				7	9	8	1	13	3°	12		5†	14							34
35		2		4		6	11		9					7		8†			3*		10	5	12	1	13					35
36		2°		4		6	11		9	12				7	10*				3†		13	5	8	1		14				36
37		2		4		6	11		12	9				7	10*	13					8	5	3†	1						37
38		2		4	6		11		9†	10				7		8			3*	12	13	5		1						38
39		2		4	6†		11		12	10				7	9	8			3*		5		1		13					39
40				4	6°	11	5	12	10					7*	9	8			3†	13	14	2		1						40
41				4	6	11		9	10							3			7	8	5		1			2				41
42				4°	6†	11	13	9*			14	12	3						7	8	5		1			2				42
43				4†	6*		12	9	10			11	14	3					7	8	5	13°	1			2				43
44				4		6	11	9*	10						12	3			7	8	5		1			2				44
45			12	4†		6			10		11*	9	3					7	8	5		1			2	13				45
46			12	4		6			10	11†		13	9	3				7	8*	5		1			2					46
	4	37	16	42	33	33	39	11	16	42	27	11		17	30	21	30	13	2	21	13	12	16	2	12		6			
		1	2	3			3	16	3	2	7	4	2	15	7	3		4	3	1	6	5	1	4		1	2		1	
		1		8	1	1	5		10	15	4	1		15	2			3	2											

1972-73 SEASON
FIRST DIVISION

Liverpool	42	25	10	6	72	42	60
Arsenal	42	23	11	8	57	43	57
Leeds United	42	21	11	10	71	45	53
Ipswich Town	42	17	14	11	55	45	48
Wolves	42	18	11	13	66	54	47
West Ham United	42	17	12	13	67	53	46
Derby County	42	19	8	15	56	54	46
Tottenham Hotspur	42	16	13	13	58	48	45
Newcastle United	42	16	13	13	60	51	45
Birmingham City	42	15	12	15	53	54	42
Manchester City	42	15	11	16	57	60	41
Chelsea	42	13	14	15	49	51	40
Southampton	42	11	18	13	47	52	40
Sheffield United	42	15	10	17	51	59	40
Stoke City	42	14	10	18	61	56	38
Leicester City	42	10	17	15	40	46	37
Everton	42	13	11	18	41	49	37
Manchester United	42	12	13	17	44	60	37
Coventry City	42	13	9	20	40	55	35
Norwich City	42	11	10	21	36	63	32
Crystal Palace	42	9	12	21	41	58	30
West Brom. Albion	**42**	**9**	**10**	**23**	**38**	**62**	**28**

1973-74 SEASON
SECOND DIVISION

Middlesbrough	42	27	11	4	77	30	65
Luton Town	42	19	12	11	64	51	50
Carlisle United	42	20	9	13	61	48	49
Orient	42	15	18	9	55	42	48
Blackpool	42	17	13	12	57	40	47
Sunderland	42	19	9	14	58	44	47
Nottingham Forest	42	15	15	12	57	43	45
West Brom. Albion	**42**	**14**	**16**	**12**	**48**	**45**	**44**
Hull City	42	13	17	12	46	47	43
Notts County	42	15	13	14	55	60	43
Bolton Wanderers	42	15	12	15	44	40	42
Millwall	42	14	14	14	51	51	42
Fulham	42	16	10	16	39	43	42
Aston Villa	42	13	15	14	48	45	41
Portsmouth	42	14	12	16	45	62	40
Bristol City	42	14	10	18	47	54	38
Cardiff City	42	10	16	16	49	62	36
Oxford United	42	10	16	16	35	46	36
Sheffield Wednesday	42	12	11	19	51	63	35
Crystal Palace	42	11	12	19	43	56	34
Preston North End *	42	9	14	19	40	62	31
Swindon Town	42	7	11	24	36	72	25

* Preston — one point deducted for fielding ineligible player

1974-75 SEASON
SECOND DIVISION

Manchester United	42	26	9	7	66	30	61
Aston Villa	42	25	8	9	69	32	58
Norwich City	42	20	13	9	58	37	53
Sunderland	42	19	13	10	65	35	51
Bristol City	42	21	8	13	47	33	50
West Brom. Albion	**42**	**18**	**9**	**15**	**54**	**42**	**45**
Blackpool	42	14	17	11	38	33	45
Hull City	42	15	14	13	40	53	44
Fulham	42	13	16	13	44	39	42
Bolton	42	15	12	15	45	41	42
Oxford United	42	15	12	15	41	51	42
Orient	42	11	20	11	28	39	42
Southampton	42	15	11	16	53	54	41
Notts County	42	12	16	14	49	59	40
York City	42	14	10	18	51	55	38
Nottingham Forest	42	12	14	16	43	55	38
Portsmouth	42	12	13	17	44	54	37
Oldham Athletic	42	10	15	17	40	48	35
Bristol Rovers	42	12	11	19	42	64	35
Millwall	42	10	12	20	44	56	32
Cardiff City	42	9	14	19	36	62	32
Sheffield Wednesday	42	5	11	26	29	64	21

1975-76 SEASON
SECOND DIVISION

Sunderland	42	24	8	10	67	36	56
Bristol City	42	19	15	8	59	35	53
West Brom. Albion	**42**	**20**	**13**	**9**	**50**	**33**	**53**
Bolton Wanderers	42	20	12	10	64	38	52
Notts County	42	19	11	12	60	41	49
Southampton	42	21	7	14	66	50	49
Luton Town	42	19	10	13	61	51	48
Nottingham Forest	42	17	12	13	55	40	46
Charlton Athletic	42	15	12	15	61	72	42
Blackpool	42	14	14	14	40	49	42
Chelsea	42	12	16	14	53	54	40
Fulham	42	13	14	15	45	47	40
Orient	42	13	14	15	37	39	40
Hull City	42	14	11	17	45	49	39
Blackburn Rovers	42	12	14	16	45	50	38
Plymouth Argyle	42	13	12	17	48	54	38
Oldham Athletic	42	13	12	17	57	68	38
Bristol Rovers	42	11	16	15	38	50	38
Carlisle United	42	12	13	17	45	59	37
Oxford United	42	11	11	20	39	59	33
York City	42	10	8	24	39	71	28
Portsmouth	42	9	7	26	32	61	25

1976-77 SEASON
FIRST DIVISION

Liverpool	42	23	11	8	62	33	57
Manchester City	42	21	14	7	60	34	56
Ipswich Town	42	22	8	12	66	39	52
Aston Villa	42	22	7	13	76	50	51
Newcastle United	42	18	13	11	64	49	49
Manchester United	42	18	11	13	71	62	47
West Brom. Albion	**42**	**16**	**13**	**13**	**62**	**56**	**45**
Arsenal	42	16	11	15	64	59	43
Everton	42	14	14	14	62	64	42
Leeds United	42	15	12	15	48	51	42
Leicester City	42	12	18	12	47	60	42
Middlesbrough	42	14	13	15	40	45	41
Birmingham City	42	13	12	17	63	61	38
Q.P.R.	42	13	12	17	47	52	38
Derby County	42	9	19	14	50	55	37
Norwich City	42	14	9	19	47	64	37
West Ham United	42	11	14	17	46	65	36
Bristol City	42	11	13	18	38	48	35
Coventry City	42	10	15	17	48	59	35
Sunderland	42	11	12	19	46	54	34
Stoke City	42	10	14	18	28	51	34
Tottenham Hotspur	42	12	9	21	48	72	33

1977-78 SEASON

FIRST DIVISION

Nottingham Forest	42	25	14	3	69	24	64
Liverpool	42	24	9	9	65	34	57
Everton	42	22	11	9	76	45	55
Manchester City	42	20	12	10	74	51	52
Arsenal	42	21	10	11	60	37	52
West Brom. Albion	**42**	**18**	**14**	**10**	**62**	**53**	**50**
Coventry City	42	18	12	12	75	62	48
Aston Villa	42	18	10	14	57	42	46
Leeds United	42	18	10	14	63	53	46
Manchester United	42	16	10	16	67	63	42
Birmingham City	42	16	9	17	55	60	41
Derby County	42	14	13	15	54	59	41
Norwich City	42	11	18	13	52	66	40
Middlesbrough	42	12	15	15	42	54	39
Wolves	42	12	12	18	51	64	36
Chelsea	42	11	14	17	46	69	36
Bristol City	42	11	13	18	49	53	35
Ipswich Town	42	11	13	18	47	61	35
Q.P.R.	42	9	15	18	47	64	33
West Ham United	42	12	8	22	52	69	32
Newcastle United	42	6	10	26	42	78	22
Leicester City	42	5	12	25	26	70	22

1978-79 SEASON

FIRST DIVISION

Liverpool	42	30	8	4	85	16	68
Nottingham Forest	42	21	18	3	61	26	60
West Brom. Albion	**42**	**24**	**11**	**7**	**72**	**35**	**59**
Everton	42	17	17	8	52	40	51
Leeds United	42	18	14	10	70	52	50
Ipswich Town	42	20	9	13	63	49	49
Arsenal	42	17	14	11	61	48	48
Aston Villa	42	15	16	11	59	49	46
Manchester United	42	15	15	12	60	63	45
Coventry City	42	14	16	12	58	68	44
Tottenham Hotspur	42	13	15	14	48	61	41
Middlesbrough	42	15	10	17	57	50	40
Bristol City	42	15	10	17	47	51	40
Southampton	42	12	16	14	47	53	40
Manchester City	42	13	13	16	58	56	39
Norwich City	42	7	23	12	51	57	37
Bolton Wanderers	42	12	11	19	54	75	35
Wolves	42	13	8	21	44	68	34
Derby County	42	10	11	21	44	71	31
Q.P.R.	42	6	13	23	45	73	25
Birmingham City	42	6	10	26	37	64	22
Chelsea	42	5	10	27	44	92	20

1979-80 SEASON

FIRST DIVISION

Liverpool	42	25	10	7	81	30	60
Manchester United	42	24	10	8	65	35	58
Ipswich Town	42	22	9	11	68	39	53
Arsenal	42	18	16	8	52	36	52
Nottingham Forest	42	20	8	14	63	43	48
Wolves	42	19	9	14	58	47	47
Aston Villa	42	16	14	12	51	50	46
Southampton	42	18	9	15	65	53	45
Middlesbrough	42	16	12	14	50	44	44
West Brom. Albion	**42**	**11**	**19**	**12**	**54**	**50**	**41**
Leeds United	42	13	14	15	46	50	40
Norwich City	42	13	14	15	58	66	40
Crystal Palace	42	12	16	14	41	50	40
Tottenham Hotspur	42	15	10	17	52	62	40
Coventry City	42	16	7	19	56	66	39
Brighton & Hove Alb.	42	11	15	16	47	57	37
Manchester City	42	12	13	17	43	66	37
Stoke City	42	13	10	19	44	58	36
Everton	42	9	17	16	43	51	35
Bristol City	42	9	13	20	37	66	31
Derby County	42	11	8	23	47	67	30
Bolton Wanderers	42	5	15	22	38	73	25

1980-81 SEASON

FIRST DIVISION

Aston Villa	42	26	8	8	72	40	60
Ipswich Town	42	23	10	9	77	43	56
Arsenal	42	19	15	8	61	45	53
West Brom. Albion	**42**	**20**	**12**	**10**	**60**	**42**	**52**
Liverpool	42	17	17	8	62	46	51
Southampton	42	20	10	12	76	56	50
Nottingham Forest	42	19	12	11	62	45	50
Manchester United	42	15	18	9	51	36	48
Leeds United	42	17	10	15	39	47	44
Tottenham Hotspur	42	14	15	13	70	68	43
Stoke City	42	12	18	12	51	60	42
Manchester City	42	14	11	17	56	59	39
Birmingham City	42	13	12	17	50	61	38
Middlesbrough	42	16	5	21	53	51	37
Everton	42	13	10	19	55	58	36
Coventry City	42	13	10	19	48	68	36
Sunderland	42	14	7	21	58	53	35
Wolves	42	13	9	20	47	55	35
Brighton & Hove Alb.	42	14	7	21	54	67	35
Norwich City	42	13	7	22	49	73	33
Leicester City	42	13	6	23	40	67	32
Crystal Palace	42	6	7	29	47	83	19

1981-82 SEASON

FIRST DIVISION

Liverpool	42	26	9	7	80	32	87
Ipswich Town	42	26	5	11	75	53	83
Manchester United	42	22	12	8	59	29	78
Tottenham Hotspur	42	20	11	11	67	48	71
Arsenal	42	20	11	11	48	37	71
Swansea City	42	21	6	15	58	51	69
Southampton	42	19	9	14	72	67	66
Everton	42	17	13	12	56	50	64
West Ham United	42	14	16	12	66	57	58
Manchester City	42	15	13	14	49	50	58
Aston Villa	42	15	12	15	55	53	57
Nottingham Forest	42	15	12	15	42	48	57
Brighton & Hove Alb.	42	13	13	16	43	52	52
Coventry City	42	13	11	18	56	62	50
Notts County	42	13	8	21	45	69	47
Birmingham City	42	10	14	18	53	61	44
West Brom. Albion	**42**	**11**	**11**	**20**	**46**	**57**	**44**
Stoke City	42	12	8	22	44	63	44
Sunderland	42	11	11	20	38	58	44
Leeds United	42	10	12	20	39	61	42
Wolves	42	10	10	22	32	63	40
Middlesbrough	42	8	15	19	34	52	39

1982-83 SEASON

FIRST DIVISION

Liverpool	42	24	10	8	87	37	82
Watford	42	22	5	15	74	57	71
Manchester United	42	19	13	8	56	38	70
Tottenham Hotspur	42	20	9	13	65	50	69
Nottingham Forest	42	20	9	13	62	50	69
Aston Villa	42	21	5	16	62	50	68
Everton	42	18	10	14	66	48	64
West Ham United	42	20	4	18	68	62	64
Ipswich Town	42	15	13	14	64	50	58
Arsenal	42	16	10	16	58	56	58
West Brom. Albion	**42**	**15**	**12**	**15**	**51**	**49**	**57**
Southampton	42	15	12	15	54	58	57
Stoke City	42	16	9	17	53	64	57
Norwich City	42	14	12	16	52	58	54
Notts County	42	15	7	21	55	71	52
Sunderland	42	12	14	16	48	61	50
Birmingham City	42	12	15	16	40	55	50
Luton Town	42	12	13	17	65	84	49
Coventry City	42	13	9	20	48	59	48
Manchester City	42	13	8	21	47	70	47
Swansea City	42	10	11	21	51	69	41
Brighton & Hove Alb.	42	9	13	20	38	67	40

1983-84 SEASON

FIRST DIVISION

Liverpool	42	22	14	6	73	32	80
Southampton	42	22	11	9	66	38	77
Nottingham Forest	42	22	8	12	76	45	74
Manchester United	42	20	14	8	71	41	74
Q.P.R.	42	22	7	13	67	37	73
Arsenal	42	19	9	15	74	60	63
Everton	42	16	14	12	44	42	62
Tottenham Hotspur	42	17	10	15	64	65	61
West Ham United	42	17	9	16	60	55	60
Aston Villa	42	17	9	16	59	61	60
Watford	42	16	9	17	68	77	57
Ipswich Town	42	15	8	19	55	57	53
Sunderland	42	13	13	16	42	53	52
Norwich City	42	12	15	15	48	49	51
Leicester City	42	13	12	17	65	68	51
Luton Town	42	14	9	19	53	66	51
West Brom. Albion	**42**	**14**	**9**	**19**	**48**	**62**	**51**
Stoke City	42	13	11	18	44	63	50
Coventry City	42	13	11	18	57	77	50
Birmingham City	42	12	12	18	39	50	48
Notts County	42	10	11	21	50	72	41
Wolves	42	6	11	25	27	80	29

1984-85 SEASON

FIRST DIVISION

Everton	42	28	6	8	88	43	90
Liverpool	42	22	11	9	78	35	77
Tottenham Hotspur	42	23	8	11	78	51	77
Manchester United	42	22	10	10	77	47	76
Southampton	42	19	11	12	56	47	68
Chelsea	42	18	12	12	63	48	66
Arsenal	42	19	9	14	61	49	66
Sheffield Wednesday	42	17	14	11	58	45	65
Nottingham Forest	42	19	7	16	56	48	64
Aston Villa	42	15	11	16	60	60	56
Watford	42	14	13	15	81	71	55
West Brom. Albion	**42**	**16**	**7**	**19**	**58**	**62**	**55**
Luton Town	42	15	9	18	57	61	54
Newcastle United	42	13	13	16	55	70	52
Leicester City	42	15	6	21	65	73	51
West Ham United	42	13	12	17	51	68	51
Ipswich Town	42	13	11	18	46	57	50
Coventry City	42	15	5	22	47	64	50
Q.P.R.	42	13	11	18	53	72	50
Norwich City	42	13	10	19	46	64	49
Sunderland	42	10	10	22	40	62	40
Stoke City	42	3	8	31	24	91	17

1985-86 SEASON

FIRST DIVISION

Liverpool	42	26	10	6	89	37	88
Everton	42	26	8	8	87	41	86
West Ham United	42	26	6	10	74	40	84
Manchester United	42	22	10	10	70	36	76
Sheffield Wednesday	42	21	10	11	63	54	73
Chelsea	42	20	11	11	57	56	71
Arsenal	42	20	9	13	49	47	69
Nottingham Forest	42	19	11	12	69	53	68
Luton Town	42	18	12	12	61	44	66
Tottenham Hotspur	42	19	8	15	74	52	65
Newcastle United	42	17	12	13	67	72	63
Watford	42	16	11	15	69	62	59
Q.P.R.	42	15	7	20	53	64	52
Southampton	42	12	10	20	51	62	46
Manchester City	42	11	12	19	43	57	45
Aston Villa	42	10	14	18	51	67	44
Coventry City	42	11	10	21	48	71	43
Oxford United	42	10	12	20	62	80	42
Leicester City	42	10	12	20	54	76	42
Ipswich Town	42	11	8	23	32	55	41
Birmingham City	42	8	5	29	30	73	29
West Brom. Albion	**42**	**4**	**12**	**26**	**35**	**89**	**24**

1986-87 SEASON

SECOND DIVISION

Derby County	42	25	9	8	64	38	84
Portsmouth	42	23	9	10	53	28	78
Oldham Athletic	42	22	9	11	65	44	75
Leeds United	42	19	11	12	58	44	68
Ipswich Town	42	17	13	12	59	43	64
Crystal Palace	42	19	5	18	51	53	62
Plymouth Argyle	42	16	13	13	62	57	61
Stoke City	42	16	10	16	63	53	58
Sheffield United	42	15	13	14	50	49	58
Bradford City	42	15	10	17	62	62	55
Barnsley	42	14	13	15	49	52	55
Blackburn Rovers	42	15	10	17	45	55	55
Reading	42	14	11	17	52	59	53
Hull City	42	13	14	15	41	55	53
West Brom. Albion	**42**	**13**	**12**	**17**	**51**	**49**	**51**
Millwall	42	14	9	19	39	45	51
Huddersfield Town	42	13	12	17	54	61	51
Shrewsbury Town	42	15	6	21	41	63	51
Birmingham City	42	11	17	14	47	59	50
Sunderland	42	12	12	18	49	59	48
Grimsby Town	42	10	14	18	39	59	44
Brighton & Hove Alb.	42	9	12	21	37	54	39

1987-88 SEASON

SECOND DIVISION

Team	P	W	D	L	F	A	Pts
Millwall	44	25	7	12	72	52	82
Aston Villa	44	22	12	10	68	41	78
Middlesbrough	44	22	12	10	63	36	78
Bradford City	44	22	11	11	74	54	77
Blackburn Rovers	44	21	14	9	68	52	77
Crystal Palace	44	22	9	13	86	59	75
Leeds United	44	19	12	13	61	51	69
Ipswich Town	44	19	9	16	61	52	66
Manchester City	44	19	8	17	80	60	65
Oldham Athletic	44	18	11	15	72	64	65
Stoke City	44	17	11	16	50	57	62
Swindon Town	44	16	11	17	73	60	59
Leicester City	44	16	11	17	62	61	59
Barnsley	44	15	12	17	61	62	57
Hull City	44	14	15	15	54	60	57
Plymouth Argyle	44	16	8	20	65	67	56
Bournemouth	44	13	10	21	56	68	49
Shrewsbury Town	44	11	16	17	42	54	49
Birmingham City	44	11	15	18	41	66	48
West Brom. Albion	44	12	11	21	50	69	47
Sheffield United	44	13	7	24	45	74	46
Reading	44	10	12	22	44	70	42
Huddersfield Town	44	6	10	28	41	100	28

1988-89 SEASON

SECOND DIVISION

Team	P	W	D	L	F	A	Pts
Chelsea	46	29	12	5	96	50	99
Manchester City	46	23	13	10	77	53	82
Crystal Palace	46	23	12	11	71	49	81
Watford	46	22	12	12	74	48	78
Blackburn Rovers	46	22	11	13	74	59	77
Swindon Town	46	20	16	10	68	53	76
Barnsley	46	20	14	12	66	58	74
Ipswich Town	46	22	7	17	71	61	73
West Brom. Albion	46	18	18	10	65	41	72
Leeds United	46	17	16	13	59	50	67
Sunderland	46	16	15	15	60	60	63
Bournemouth	46	18	8	20	53	62	62
Stoke City	46	15	14	17	57	72	59
Bradford City	46	13	17	16	52	59	56
Leicester City	46	13	16	17	56	63	55
Oldham Athletic	46	11	21	14	75	72	54
Oxford United	46	14	12	20	62	70	54
Plymouth Argyle	46	14	12	20	55	66	54
Brighton & Hove Alb.	46	14	9	23	57	66	51
Portsmouth	46	13	12	21	53	62	51
Hull City	46	11	14	21	52	68	47
Shrewsbury Town	46	8	18	20	40	67	42
Birmingham City	46	8	11	27	31	76	35
Walsall	46	5	16	25	41	80	31

1989-90 SEASON

SECOND DIVISION

Team	P	W	D	L	F	A	Pts
Leeds United	46	24	13	9	79	52	85
Sheffield United	46	24	13	9	78	58	85
Newcastle United	46	22	14	10	80	55	80
Swindon Town	46	20	14	12	79	59	74
Blackburn Rovers	46	19	17	10	74	59	74
Sunderland	46	20	14	12	70	64	74
West Ham United	46	20	12	14	80	57	72
Oldham Athletic	46	19	14	13	70	57	71
Ipswich Town	46	19	12	15	67	66	69
Wolves	46	18	13	15	67	60	67
Port Vale	46	15	16	15	62	57	61
Portsmouth	46	15	16	15	62	65	61
Leicester City	46	15	14	17	67	79	59
Hull City	46	14	16	16	58	65	58
Watford	46	14	15	17	58	60	57
Plymouth Argyle	46	14	13	19	58	63	55
Oxford United	46	15	9	22	57	66	54
Brighton & Hove Alb.	46	15	9	22	56	72	54
Barnsley	46	13	15	18	49	71	54
West Brom. Albion	46	12	15	19	67	71	51
Middlesbrough	46	13	11	22	52	63	50
Bournemouth	46	12	12	22	57	76	48
Bradford City	46	9	14	23	44	68	41
Stoke City	46	6	19	21	35	63	37

1990-91 SEASON

SECOND DIVISION

Team	P	W	D	L	F	A	Pts
Oldham Athletic	46	25	13	8	83	53	88
West Ham United	46	24	15	7	60	34	87
Sheffield Wednesday	46	22	16	8	80	51	82
Notts County	46	23	11	12	76	55	80
Millwall	46	20	13	13	70	51	73
Brighton & Hove Alb.	46	21	7	18	63	69	70
Middlesbrough	46	20	9	17	66	47	69
Barnsley	46	19	12	15	63	48	69
Bristol City	46	20	7	19	68	71	67
Oxford United	46	14	19	13	69	66	61
Newcastle United	46	14	17	15	49	56	59
Wolves	46	13	19	14	63	63	58
Bristol Rovers	46	15	13	18	56	59	58
Ipswich Town	46	13	18	15	60	68	57
Port Vale	46	15	12	19	56	64	57
Charlton Athletic	46	13	17	16	57	61	56
Portsmouth	46	14	11	21	58	70	53
Plymouth Argyle	46	12	17	17	54	68	53
Blackburn Rovers	46	14	10	22	51	66	52
Watford	46	12	15	19	45	59	51
Swindon Town	46	12	14	20	65	73	50
Leicester City	46	14	8	24	60	83	50
West Brom. Albion	46	10	18	18	52	61	48
Hull City	46	10	15	21	57	85	45

1991-92 SEASON

THIRD DIVISION

Team	P	W	D	L	F	A	Pts
Brentford	46	25	7	14	81	55	82
Birmingham City	46	23	12	11	69	52	81
Huddersfield Town	46	22	12	12	59	38	78
Stoke City	46	21	14	11	69	49	77
Stockport County	46	22	10	14	75	51	76
Peterborough United	46	20	14	12	65	58	74
West Brom. Albion	46	19	14	13	64	49	71
Bournemouth	46	20	11	15	52	48	71
Fulham	46	19	13	14	57	53	70
Leyton Orient	46	18	11	17	62	52	65
Hartlepool United	46	18	11	17	57	57	65
Reading	46	16	13	17	59	62	61
Bolton Wanderers	46	14	17	15	57	56	59
Hull City	46	16	11	19	54	54	59
Wigan Athletic	46	15	14	17	58	64	59
Bradford City	46	13	19	14	62	61	58
Preston North End	46	15	12	19	61	72	57
Chester City	46	14	14	18	56	59	56
Swansea City	46	14	14	18	55	65	56
Exeter City	46	14	11	21	57	80	53
Bury	46	13	12	21	55	74	51
Shrewsbury Town	46	12	11	23	53	68	47
Torquay United	46	13	8	25	42	68	47
Darlington	46	10	7	29	56	90	37

1992-93 SEASON
SECOND DIVISION

Team	P	W	D	L	F	A	Pts
Stoke City	46	27	12	7	73	34	93
Bolton Wanderers	46	27	9	10	80	41	90
Port Vale	46	26	11	9	79	44	89
West Brom. Albion	**46**	**25**	**10**	**11**	**88**	**54**	**85**
Swansea City	46	20	13	13	65	47	73
Stockport County	46	19	15	12	81	57	72
Leyton Orient	46	21	9	16	69	53	72
Reading	46	18	15	13	66	51	69
Brighton & Hove Alb.	46	20	9	17	63	59	69
Bradford City	46	18	14	14	69	67	68
Rotherham United	46	17	14	15	60	60	65
Fulham	46	16	17	13	57	55	65
Burnley	46	15	16	15	57	59	61
Plymouth Argyle	46	16	12	18	59	64	60
Huddersfield Town	46	17	9	20	54	61	60
Hartlepool United	46	14	12	20	42	60	54
Bournemouth	46	12	17	17	45	52	53
Blackpool	46	12	15	19	63	75	51
Exeter City	46	11	17	18	54	69	50
Hull City	46	13	11	22	46	69	50
Preston North End	46	13	8	25	65	94	47
Mansfield Town	46	11	11	24	52	80	44
Wigan Athletic	46	10	11	25	53	72	41
Chester City	46	8	5	33	49	102	29

1993-94 SEASON
FIRST DIVISION

Team	P	W	D	L	F	A	Pts
Crystal Palace	46	27	9	10	73	46	90
Nottingham Forest	46	23	14	9	74	49	83
Millwall	46	19	17	10	58	49	74
Leicester City	46	19	16	11	72	59	73
Tranmere Rovers	46	21	9	16	69	53	72
Derby County	46	20	11	15	73	68	71
Notts County	46	20	7	9	65	69	68
Wolves	46	17	17	12	60	47	68
Middlesbrough	46	18	13	15	66	54	67
Stoke City	46	18	13	15	57	59	67
Charlton Athletic	46	19	8	19	61	58	65
Sunderland	46	19	8	19	54	57	65
Bristol City	46	16	16	14	47	50	64
Bolton Wanderers	46	15	14	17	63	64	59
Southend United	46	17	8	21	63	67	59
Grimsby Town	46	13	20	13	52	47	59
Portsmouth	46	15	13	18	52	58	58
Barnsley	46	16	7	23	55	67	55
Watford	46	15	9	22	66	80	54
Luton Town	46	14	11	21	56	60	53
West Brom. Albion	**46**	**13**	**12**	**21**	**60**	**69**	**51**
Birmingham City	46	13	11	12	42	69	51
Oxford United	46	13	10	23	54	75	49
Peterborough United	46	8	13	25	48	76	37

1994-95 SEASON
FIRST DIVISION

Team	P	W	D	L	F	A	Pts
Middlesbrough	46	23	13	10	67	40	82
Reading	46	23	10	13	58	44	79
Bolton Wanderers	46	21	14	11	67	45	77
Wolves	46	21	13	12	77	61	76
Tranmere Rovers	46	22	10	14	67	58	76
Barnsley	46	20	12	14	63	52	72
Watford	46	19	13	14	52	46	70
Sheffield United	46	17	17	12	74	55	68
Derby County	46	18	12	16	66	51	66
Grimsby Town	46	17	14	15	62	56	65
Stoke City	46	16	15	15	50	53	63
Millwall	46	16	14	16	60	60	62
Southend United	46	18	8	20	54	73	62
Oldham Athletic	46	16	13	17	60	60	61
Charlton Athletic	46	16	11	19	58	66	59
Luton Town	46	15	13	18	61	64	58
Port Vale	46	15	13	18	58	64	58
West Brom. Albion	**46**	**16**	**10**	**20**	**51**	**57**	**58**
Portsmouth	46	15	13	18	53	63	58
Sunderland	46	12	18	16	41	45	54
Swindon Town	46	112	12	22	54	73	48
Burnley	46	11	13	22	49	74	46
Bristol City	46	11	12	23	42	63	45
Notts County	46	9	13	24	45	66	40

1995-96 SEASON
FIRST DIVISION

Team	P	W	D	L	F	A	Pts
Sunderland	46	22	17	7	59	33	83
Derby County	46	21	16	9	69	48	79
Crystal Palace	46	20	15	11	67	48	75
Stoke City	46	20	13	13	60	49	73
Leicester City	46	19	14	13	66	60	71
Charlton Athletic	46	17	20	9	57	45	71
Ipswich Town	46	19	12	15	79	69	69
Huddersfield Town	46	17	12	17	61	58	63
Sheffield United	46	16	14	16	57	54	62
Barnsley	46	14	18	14	60	66	60
West Brom. Albion	**46**	**16**	**12**	**18**	**60**	**68**	**60**
Port Vale	46	15	15	16	59	66	60
Tranmere Rovers	46	14	17	15	64	60	59
Southend United	46	15	14	17	52	61	59
Birmingham City	46	15	13	18	61	64	58
Norwich City	46	14	15	17	59	55	57
Grimsby Town	46	14	14	18	55	69	56
Oldham Athletic	46	14	14	18	54	50	56
Reading	46	13	17	16	54	63	56
Wolves	46	13	16	17	56	62	55
Portsmouth	46	13	13	20	61	69	52
Millwall	46	13	13	20	43	63	52
Watford	46	10	18	18	62	70	48
Luton Town	46	11	12	23	40	64	45

1996-97 SEASON
FIRST DIVISION

Team	P	W	D	L	F	A	Pts
Bolton Wanderers	46	28	14	4	100	53	98
Barnsley	46	22	14	10	76	55	80
Wolves	46	22	10	14	68	51	76
Ipswich Town	46	20	14	12	68	50	74
Sheffield United	46	20	13	13	75	52	73
Crystal Palace	46	19	14	13	78	48	71
Portsmouth	46	20	8	18	59	53	68
Port Vale	46	17	16	13	58	55	67
Q.P.R.	46	18	12	16	64	60	66
Birmingham City	46	17	15	14	52	48	66
Tranmere Rovers	46	17	14	15	63	56	65
Stoke City	46	18	10	18	51	57	64
Norwich City	46	17	12	17	63	68	63
Manchester City	46	17	10	19	59	60	61
Charlton Athletic	46	16	11	19	52	66	59
West Brom. Albion	**46**	**14**	**15**	**17**	**68**	**72**	**57**
Oxford United	46	16	9	21	64	68	57
Reading	46	15	12	19	58	67	57
Swindon Town	46	15	9	22	52	71	54
Huddersfield Town	46	13	15	18	48	61	54
Bradford City	46	12	12	22	47	72	48
Grimsby Town	46	11	13	22	60	81	46
Oldham Athletic	46	10	13	23	51	66	43
Southend United	46	8	15	23	42	86	39